KB139729

키워드로
정리하는
정보보안
119

Information
Security

키워드로 정리하는 정보보안 119

1쇄 발행 2020년 6월 25일
3쇄 발행 2023년 6월 25일

지은이 문광석
펴낸이 장성두
펴낸곳 주식회사 제이펍

출판신고 2009년 11월 10일 제406-2009-000087호
주소 경기도 파주시 회동길 159 3층 / **전화** 070-8201-9010 / **팩스** 02-6280-0405
홈페이지 www.jpub.kr / **원고투고** submit@jpub.kr / **독자문의** help@jpub.kr / **교재문의** textbook@jpub.kr

소통기획부 김정준, 이상복, 김은미, 송영화, 권유라, 송찬수, 박재인, 배인혜
소통지원부 민지환, 이승환, 김정미, 서세원 / **디자인부** 이민숙, 최병찬

진행 및 교정·교열 장성두 / **내지디자인** 남은순 / **표지디자인** 미디어픽스
용지 에스에이치페이퍼 / **인쇄** 한승인쇄사 / **제본** 일진제책사

ISBN 979-11-90665-37-7 (93000)
값 19,800원

제이펍은 독자 여러분의 아이디어와 원고 투고를 기다리고 있습니다. 책으로 펴내고자 하는 아이디어나 원고가 있는
분께서는 책의 간단한 개요와 차례, 구성과 저(역)자 약력 등을 메일(submit@jpub.kr)로 보내 주세요.

키워드로
정리하는
정보보안
119
Information
Security

문광석 지음

제이펍

차 례

SECTION 1 보안   19

SECTION 2 암호학   39

SECTION 5 해킹   143

SECTION 6 법률   195

SECTION 7 보안 활동   219

SECTION 8 융합보안 **245**

현업 보안 전문가가 들려주는 생생한 보안 키워드

기술의 변화는 눈에 띄게 발전하고 있습니다. 새로운 것을 배우고 익혀도 조금만 지나면 오래된 지식이 되어 버리는 환경이 되었습니다. 기술은 그렇게나 빠르게 변하고 있는데 이를 안전하게 이용할 수 있게 해주는 보안은 세상의 속도보다 다소 늦지 않냐는 생각이 듭니다. 하지만 그도 그럴 것이 기술이 개발되고 시장이 형성되면서 사용자가 늘어나고 비즈니스가 활성화된 후에야 비로소 이를 뒷받침하는 보안 기술이나 정책, 법규 등이 생기기 때문일 것입니다. 이런 부분은 앞으로도 변하지 않을 듯하며, 오히려 이러한 보안의 속성을 잘 이해해야 변화하는 트렌드에 흔들리지 않는 보안 거버넌스를 구축하고, 보안 기술을 적용하고, 이를 적극적으로 활용할 수 있는 보안 전문가들이 활동할 수 있다고 생각합니다.

《키워드로 정리하는 정보보안 119》는 이러한 빠른 변화의 흐름에 맞춰서 보안 전 분야를 아우르는 중요한 용어들을 설명하고 이해할 수 있게 해주는 책입니다. 이 책을 가까이한 다면 보안 기술의 A to Z를 빠르게 이해할 수 있을 것으로 생각합니다. 물론, 책 한 권을 본다고 전체 보안 영역을 마스터한다고 생각하지는 않습니다만, 광범위한 지식을 빠르게 습득하기 위한 지식의 기초 체력으로 삼기에는 부족함이 없을 것으로 생각합니다.

저자는 현업에서 업무를 수행하면서 얻었던 보안 지식과 정보관리기술사를 학습하면서 체득한 지식을 하나로 엮어 곧바로 현장에서 활용할 수 있도록 하였습니다. 보안 전 분야를 키워드 중심으로 집대성하였으니 보안 전체를 아우르는 데 큰 도움이 될 수 있을 것입니다.

이 책을 통해 보안 입문의 즐거움과 보안 지식의 체계화라는 두 마리 토끼를 한 번에 잡기를 바랍니다.

감수자 양해용

시작하는 보안인을 위한 알기 쉬운 보안 이야기

일반적으로 보안이라고 하면 어렵게 생각하는 분들이 많습니다. 저 또한 보안을 처음 접할 때 많은 걱정과 함께 업무를 시작하였으며, 용어와 방법을 몰라 고생을 많이 하였습니다. 그래서 지금까지 보안 업계에 근무하면서, 그리고 여러 보안 관련 자격증을 취득하면서 알게 되었던 지식과 이야기를 좀 더 쉽게 전달할 방법에 대해 많이 고민하였습니다. 특히, 해외 유명 저자들이 쓴 가벼운 이론 책들은 있지만, 국내 상황에 비추어 누구나 가볍게 볼 수 있는 보안 서적이 없어서 매우 아쉬웠습니다.

이 책은 초급자도 쉽게 볼 수 있는 책, 가볍게 들고 다니면서 볼 수 있는 책, 쉽게 이해할 수 있는 정의가 적혀 있는 책, 그런 책을 꿈꾸며 집필한 책입니다. 이전부터 제가 가지고 싶어 했던 그런 책을 직접 써 내려갔습니다. 해박한 지식을 가진 분들에게는 너무나 쉬운 내용일 수도 있습니다. 하지만 보안에 처음 입문하는 분들에게는 도움이 될 것이라고 자부할 수 있습니다.

보안이라는 재미있는 지식의 바다에서 작은 나침반으로서 여러분들과 함께 지내는 책이 되었으면 합니다. 그리고 이 책으로 정보보안에 관심을 둔 많은 분이 정보보안에 대한 본질을 이해하고 앞으로의 시장 변화에 대해서 예측하고 준비하는 데에도 도움이 되기를 기원합니다.

마지막으로, 항상 저에게 힘이 되어 준 가족과 여러 동료들, 그리고 출판사 관계자들께 감사드립니다. 무엇보다도 저를 항상 돌봐 주시는 하나님께 가장 큰 감사를 드립니다.

지은이 문광석

이 책의 특징

1
단순히 자격증 목적이 아닌, 현직자를 위한 보안 기술

니라 인력 운용비도 상당한 부담이 될 것입니다. 혹시 올인원 형태의 네트워크 보안 장비를 도입하는 방법은 없을까요? 그러한 고민에서부터 탄생한 것이 UTM입니다.

UTM(Unified Threat Management)은 새로운 위협에 대처할 수 있도록 방화벽, 침입 차단 시스템, 안티바이러스 등 여러 보안 기능을 하나의 장비에 포함하는 네트워크 어플라이언스(Appliance) 형태의 보안 솔루션을 말합니다.

현재 방화벽이라고 불리는 장비들은 독립적인 방화벽보다는 UTM 형태가 훨씬 많을 겁니다. 시큐아이의 MF2, 안랩의 TrustGuard, 엑스게이트의 AXGATE, 포티넷의 ForiGate 등과 같은 많은 장비가 UTM 기능을 지닌 솔루션들입니다. 이들이 기술 보안 시장에서 가장 큰 매출을 올리고 있습니다.

단순하게 지식 이해로 끝나지 않는 보안 산업의 현황 공유 및 새로운 인사이트 제시

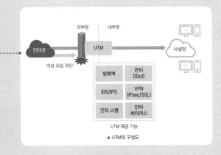
▲ UTM의 구성도

그림 위주의 구성도, 개념도, 아키텍처, 절차도로 실제 기술의 원리 이해를 통해 전체적인 보안 아키텍처 수립을 유도

2
예시와 정의를 통한 알기 쉬운 설명

출입 관리를 하는 것이 **물리적 보안**입니다.

출근해서는 무엇을 할까요? 내가 읽을 수 있는 자료를 이용해 일하게 됩니다. 내가 사장님의 자료를 읽을 수 있을까요? 아닐 겁니다. 각자 역할에 맞는 접근 가능한 자료 등급이 설정되어 있을 겁니다. 이렇게 보안 정책을 수립하고 유지하는 것이 **관리적 보안**입니다.

열심히 인터넷을 통해 자료를 검색하고 있는데 갑자기 백신에서 알람 창이 뜹니다. 바이러스가 침입하려고 했지만 확인해서 차단했다고 합니다. 이렇게 안전한 환경을 제공하는 것이 **기술적 보안**입니다.

세 가지로 분류된 영역은 다음과 같이 정의할 수 있습니다.

1. **관리적 보안**: 조직의 관리 절차 및 규정, 대책을 세우는 방법
   (예 보안 정책/절차관리, 보안조직 구성 및 운영, 감사, 사고 조사)

2. **기술적 보안**: 정보 시스템에 적용된 기술에 특화하여 보호하는 방법
   (예 네트워크 보안, 시스템 보안, 애플리케이션 보안, 데이터베이스 보안)

어려운 내용의 설명보다는 예시를 통해서 가벼운 이해를 유도

#018 전자 서명 / 전자 봉투
Digital Signature / Digital Envelope

● ● ● ● ● 전자 서명: 공개키를 이용해서 본인의 행위를 증명하는 서명
전자 봉투: 수신자의 공개키로 전자 서명을 암호화로 전달하는 방식

확실한 정의 기반의 명료한 설명

3

QR 코드를 통한 온라인 무료 특강

쉽게 이해되지 않거나
보충 설명이 필요한 경우
저자의 온라인 특강
QR 코드 제공

개발, 컨설팅, 모의 해킹, 침해 사고 대응, 구축,
운영, 기획 등 다양한 영역에서의 경험 및
정보관리기술사, ISMS-P, 정보보안기사,
CISSP, CEH, ISO27001, CPPG, K-Shield와 같은
다양한 자격증의 지식 통합 제공

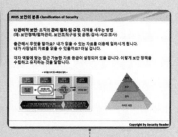

4

어디에서도 듣지 못했던 재미있는 보안 이야기

물리보안에도 철학이 존재합니다. 혹시 미국의 범죄학자인 제임스 윌슨 James Q. Wilson 과 조지 켈링 George L. Kelling 이 발표한 깨진 유리창 이론 Broken Windows Theory 에 대해 들어 본 적이 있나요? 구석진 골목에 2대의 차량 본닛을 모두 열어 두고, 그중 한 대의 차량 앞 유리창을 깨뜨려 놓은 채 일주일을 관찰합니다. 그랬더니 보닛만 열어 둔 차량은 이전과 동일했지만, 앞 유리창이 깨져 일부 차량은 폐차 직전까지 심하게 파손되는 결과가 나타났습니다. 이와 같이 더럽고 안전하지 않은 환경이 범죄와 사고에 직결되는 현상을 방지하기 위해서 나온 방식이 있습니다. 바로, CPTED입니다.

CPTED Crime Prevent Through Environment Design 란 범죄 예방 환경 설계, 여러 학문 간 연계를 통해 도시 및 건축 공간 설계 시 범죄 기회를 제거하거나 최소화하게 변경함으로써 범죄 및 불안감을 저감시키는 원리이자 실천 전략을 말합니다.

키워드 중심의
보기 쉽고 읽기 쉬운
재미있는 이야기

감염 전에는 미리 분리된 공간에 보관하는 원격 백업, 내/외부 네트워크를 분리하여 수행하는 망 분리, 악성코드 탐지의 대표 방법인 최신 백신 소프트웨어 설치, 공유 폴더 권한 관리, 여러 히스토리를 관리하는 자료 버전 관리 등을 수행해야 합니다.

이러한 사전 준비에도 불구하고 감염이 되었다면 사전에 백업된 데이터를 이용해서 복원, 추가 감염 방지를 위해 네트워크 접속 차단, 전문 기술을 통해 감염 경로를 추적하는 디지털 포렌식 Digital Forensic (ⓒ #098), 침해 사례를 조속히 전파하여 보고 및 신고, 전문가들에 상담, 추가 피해를 막기 위해 임직원 보안 교육 등을 수행해야 합니다. 최근까지도 성행하고 있는 랜섬웨어는 제일 주의해야 하는 악성 프로그램입니다.

기술의 배경 및 현황,
각종 사고사례 및
다양한 대응 방안 포함

코로나 19는 인류에게 큰 재앙을 안겨주고 있지만, 인공지능과 빅데이터 기술 발전이 주도하는 4차 산업혁명 시대를 앞당기는 마중물 역할을 하였습니다. 4차 산업혁명은 산업 및 사회 구조 측면에서 인간의 삶을 질적으로 향상하는 순기능과 사생활 침해, 사이버 테러 등의 역기능을 동반할 것으로 예상됩니다. 역기능에 대한 대응책으로 정보보안 기술이 주목받고 있는 시점에《키워드로 정리하는 정보보안 119》는 저자의 현장 실무 경험을 바탕으로 정보보안 정의부터 암호화, 해킹, 관련 법률 등 최신 보안기술 영역까지 반드시 알아야 할 주제를 키워드 중심으로 이해하기 쉽게 잘 정리한 시의적절한 책입니다. 정보보안에 대한 초보자뿐만 아니라 전문가까지 참고하여야 할 정보보안의 지침서로서 강력하게 추천합니다.

● **백형충** / (사)한국정보통신기술사협회 회장

사물인터넷과 클라우드 등 다양한 기술의 발전으로 해킹 공격자 역시 다양한 측면의 공격 루트를 찾기 시작했습니다. 또한, 그로 인해 침해사고에 대응하기 위한 보안 담당자의 역할과 인사이트도 다양화되고 있습니다. 다변화하는 공격에 수동적으로 대응하기보다는 능동적인 보안의 아키텍처를 세우기 위해 준비하고자 한다면 이 책이 큰 도움을 줄 것입니다. 다양한 보안 영역의 학습자료로 활용하고, 나아가 좋은 경험을 공유하기 바랍니다.

● **전상덕** / 김앤장법률사무소 디지털포렌식 전문위원, 정보관리기술사

4차 산업혁명 시대에 사이버 보안은 IT 산업에서 가장 중요한 분야로 등극했습니다. 하지만 모든 디바이스가 네트워크로 연결되어 있기 때문에 지금과는 비교할 수 없는 보안 문제가 발생할 수 있습니다. 이런 상황에서 보안이라고 하면 컴퓨터 내의 시스템이나 프로그래밍에 능통한 해커 같은 이미지만 연상되는 분들에게 쉽게 보안 개념을 설명해 주

는 책이 나왔습니다. 《키워드로 정리하는 정보보안 119》는 119개 키워드로 보안에 대한 개념을 이해하기 쉽게 전달해 주어서 보안을 처음 배우고자 하는 분이나 보안에 입문한 지 얼마 되지 않은 분들에게는 최상의 콘텐츠가 될 것입니다. 보안 분야에서 오랜 현장 경험을 갖춘 전문가인 저자가 심혈을 기울인 역작으로, 유튜브 강의까지 제공하고 있어서 보안의 개념부터 심화 기술까지 이해하는 데 이 책이 많은 도움이 되리라 확신합니다.

● **서정훈** / 엔씨소프트 퍼블리싱 플랫폼 PM 리더, 정보관리기술사, 《PMP Agile 바이블》 저자

IT 보안 관련 업계에 종사한 지 20여 년이 되었으나 신입사원 또는 정보보안을 처음 접하는 분들에게 추천할 만한 책이 마땅치 않았습니다. 그러던 중 다년간 IT 보안 업무를 함께 한 후배가 《키워드로 정리하는 정보보안 119》라는 책을 펴냈습니다. 이 책은 정보보안 업계에 첫발을 들인 사람들뿐만 아니라 기존에 알고 있던 IT 보안 지식을 다시 한번 체계적으로 정리하기 좋은 책입니다. 저자는 우리가 업무를 수행하면서 맞닥뜨리는 다양한 보안 키워드를 중심으로 이야기를 풀어가고 있습니다. 그리고 각각의 키워드에 대해 자신이 소화한 내용을 바탕으로 이해하기 쉬운 예시와 비유를 곁들여 친절하게 설명합니다. 이 책은 IT 보안의 세계로 안내해 줄 시작점이자 나침반과 같습니다. 여정의 첫걸음을 이 책과 함께 할 것을 강력히 추천합니다. 무엇보다 드디어 팀의 신입사원들에게 선물할 수 있는 책이 세상에 나와 기쁩니다.

● **곽규복** / LG CNS 보안플랫폼 팀장, 정보관리기술사, 그리고 자랑스러운 저자의 선배이자 동료

《키워드로 정리하는 정보보안 119》는 국내 굴지의 기업들에 대한 저자의 오랜 보안 컨설팅 경험에서 얻은 노하우와 예리한 통찰력을 볼 수 있는 책입니다. 키워드별 분량이 2페이지 이내로 호흡이 매우 짧지만, 그 내용의 깊이는 감히 정보보안의 백과사전이라고 칭하고 싶습니다. 정보보안 분야에서는 나름 일가견을 가지고 있다고 생각하는 본인도 몇몇 주제에서 저자의 다양한 관점과 참신한 발상에 절로 감탄사를 연발할 수밖에 없었습니다. 거두절미하고, 저자의 책을 먼저 정독한 독자로서 추천합니다. 정보보안 분야에 달콤한 매력을 느껴 입문하려는 분, 오늘도 현업에서 힘겹게 유관부서를 설득하고 고객을 위해 고민하는 실무자 모두에게 이 책은 바다 위 등대와 같은 동반자가 될 것입니다.

● **김두민** / SK텔레콤 정보보호담당

🦫 박인상(이글루시큐리티)

보안을 잘 알지 못하는 사람도 소설처럼 쉽게 읽을 수 있습니다. 보안 업무를 수행하면서 반드시 알아야 하는 필수 내용이 알기 쉬운 예시와 함께 설명되어 있습니다. 또한, 기술적인 부분에만 치우치지 않고 제도적인 측면, 관리적인 측면까지도 잘 설명되어 있어서 균형을 잘 잡아 주고 있습니다. 최근 이슈가 되고 있는 개인정보보호, 양자암호, IoT 보안, 클라우드 보안, 인공지능 보안까지 있어서 더욱 관심 있게 읽을 수 있었습니다.

🦫 서용욱(라인플러스)

지금까지 보안은 전문가의 영역으로, 어떠한 보안 서적도 독자의 사전지식 없이는 접근하기 쉽지 않았던 것이 사실입니다. 이 책은 독자의 이러한 어려움을 해결하고자 쉽고 친절하게 설명하기 위해 고민한 흔적이 엿보이는 걸작입니다. 정보보안의 주요 개념을 토픽으로 나누어 짧은 호흡으로 읽어 나갈 수 있게 하였으며, '한 줄 요약'을 통해서는 서두에 해당 개념을 직관적으로 이해할 수 있었습니다. 보안에 대한 전체적인 흐름을 잡고자하는 독자들에게 강력하게 추천합니다.

🦫 석진우(LG CNS)

보안에 입문하려는 분들에게 적극적으로 추천하고 싶은 책입니다. 핵심 키워드에 대한 설명을 2페이지 이내로 구성하여 가볍게 읽을 수 있지만, 담겨 있는 지식의 수준은 절대 가볍지 않습니다.

🦫 윤영빈(농협중앙회)

보안 분야는 누구나 중요하다고 느끼긴 하지만, 진입장벽이 높아 쉽게 접근하기 어렵다고 생각합니다. 하지만 이 책에서 보여준 이해하기 쉬운 예시와 핵심 키워드 중심의 간결한 설명은 그러한 선입견을 넘어서기에 충분했습니다. 저자가 고민을 많이 해서 쓴 책이라는 생각이 들었습니다. 보안 입문자나 보안에 대해 막연한 생각을 가진 분들에게 망설이지 않고 이 책을 추천합니다.

🐛 이현수(무스마 기술연구소)

2020년에 개인정보보호법 개정안이 입법되었다는 사실을 이 책을 보고 알았습니다. 정보보안 소식에 밝은 전문가가 최신 동향을 반영해서 쓴 내용이라 신선한 느낌이 듭니다. 많은 보안 주제 가운데서 주요 키워드를 선정하고 한 권 분량으로 적절히 뽑아낸 정리 노트 같은 책입니다. 각 주제에 대해 세세하게 다루지는 않지만, 무엇을 알아야 할지, 앞으로 어떤 지식을 채워 나가야 할지 방향을 잡아주는 데 도움이 될 만한 책입니다. 각 장의 분량이 짧고, 간결하게 되어 있어서 읽기가 좋았습니다. 그리고 전문 용어에 대한 외래어가 병기되어 있어서 한결 좋았습니다.

🐛 임혁(나일소프트)

이 책은 정보보안을 처음 접하는 입문자에게 추천해 주고 싶은 책입니다. 이 책만의 분명한 차별성을 갖고 있기 때문입니다. 정보보안은 기술, 법, 정책 등 다양한 분야를 포괄하다 보니 학습자가 광범위하게 알아야 하는 애로점이 있습니다. 그래서 이 책은 총 119개의 정보보안 키워드를 뽑았습니다. 불필요한 내용은 모두 제거하고 정보보안을 알차게 한 권에 담았습니다. 여러 번 읽다 보면 정보보안을 이해하는 데 별 어려움은 없을 것입니다.

🐛 허준범(코리안리재보험)

저는 회사에서 보안 담당 업무를 맡아 생소한 보안 관련 자료를 하나하나 찾아가며 업무를 익히던 중이었습니다. 그러던 중 너무 깊고 세부적인 인터넷 정보들을 접하면서 아쉬움을 느꼈고, 넓은 보안 분야를 실무적인 관점에서 한눈에 정리해 놓은 책의 필요성을 절실히 느꼈습니다. 《키워드로 정리하는 정보보안 119》는 이러한 저의 상황에 딱 맞는 책이었습니다. 저와 같이 정보보안 업무에 첫발을 내딛는 분들에게 강력히 추천합니다.

제이펍은 책에 대한 애정과 기술에 대한 열정이 뜨거운 베타리더의 도움으로
출간되는 모든 IT 전문서에 사전 검증을 시행하고 있습니다

보안

보안 및 주요 유사 개념의 차이(보안, 보호, 안전, 취약점, 약점 등)를 통해 전반적인 보안에 대해 알아보겠습니다.

- 보안의 정의 및 용어 Security Definition & Vocabulary
- 보안 vs. 안전 vs. 보호 Security vs. Safety vs. Protection
- 보안의 연결 공격 Attack Chain of Security
- 보안의 목표 Goal of Security
- 보안의 분류 Classification of Security
- 보안 인식 & 훈련 & 교육 Security Awareness & Training & Education
- 위험 관리 Risk Management
- 보안의 윤리 Ethics of Security

#001 보안의 정의 및 용어
Security Definition & Vocabulary

위험의 총량을 줄이는 방법

보통은 보안이라고 하면 **무엇인가를 보호하는 행위**로 알고 계신 분들이 많습니다. 그 의미에서 크게 다르지 않습니다.

보호하는 자산에 따라서 데이터를 지키는 **정보보안**, 직접적인 접근을 지키는 **물리보안**, 다양한 산업의 형태를 지키는 **융합보안** 등 보호할 자산을 지키는 행위를 말합니다. 정식으로 보안에 대한 정의를 내리면, 보안Security이란 외부의 **위협**Threat으로부터 내부의 **자산**Asset에 대한 **취약점**Vulnerability을 **보호대책**Countermeasure을 통해 보호하는 방식을 말합니다.

$$R = V \ A \ T \ - \ C$$

▲ 보안 관점에서 위험의 구성 요소

위협을 없애거나, **자산**의 가치가 없거나, **취약점**이 존재하지 않는다면 **위험**이 존재하지 않게 됩니다.

아직까지 생소한 위험, 위협, 자산, 취약점, 보호대책과 같은 용어에 대하여 **예**를 통해 알아보겠습니다.

누구나 한 번쯤 펜으로 필기를 하다가 펜이 부러진 경험이 있을 것입니다. **이 펜이 부러지는 과정에 위험 구성 요소를 적용해서 주요 개념을 알아보겠습니다.**

- **위험(예 펜의 파괴)**: 외부의 행위에 대해 자산(펜)이 발생할 손실
- **취약점(예 잘 부러짐)**: 자산(펜)이 가지는 공격 가능한 성질
- **자산(예 펜)**: 개인/법인이 소유하고 있는 (쓸 수 있는) 유/무형의 가치
- **위협(예 펜을 함부로 사용하는 습관)**: 자산에 손실을 발생시키는 행위
- **보호대책(예 추가 펜 구매)**: 자산의 위험을 줄이기 위한 방안

▲ 보안 용어의 관계

보안을 강화하기 위해 가지고 있는 자산을 버릴 수는 없고, 외부의 공격자를 내 맘대로 제거할 수도 없는 제약사항이 존재합니다. 따라서 실질적인 보안은 이러한 **취약점**을 발견하여 제거하거나, **보호대책**을 수립하여 **위험을 줄이는 방법**을 말합니다.

#002 보안 vs. 안전 vs. 보호
Security vs. Safety vs. Protection

한 줄 요 약
보안: 자산을 위험으로 보호하는 방법
안전: 위험에서 벗어나 자유로운 상태
보호: 안전을 유지하기 위해서 사용하는 방안

보통은 보안과 유사한 개념으로 보안/안전/보호를 별 구분 없이 사용합니다. 서로 유사한 개념으로 차이를 구분하기는 쉽지 않습니다.

인간의 개입 여부, 현실 세계와 사이버 세계의 차이로 구분하는 논지도 존재하나, 본래의 의미로서 사전에서 말하는 의미를 말하고자 합니다.

《Collins Dictionary》에서의 보안, 안전, 보호의 사전적 의미

Security refers to all the measures that are taken to protect a place, or to ensure that only people with permission enter it or leave it.
보안은 허용된 사람만 처리하도록 보장하고 장소(자산)를 보호하기 위해 사용하는 방법을 말합니다.

Safety is the state of being safe from harm or danger.
안전은 위험/위해로부터 안전한 상태를 말합니다.

Protection is against something unpleasant means to prevent people or things from being harmed or damaged by it.

> 보호는 위험/위해로부터 자산이 피해를 보는 것을 방지하는 방안입니다.

우산의 예를 이용하여 세 가지의 개념에 관해 살펴보겠습니다.

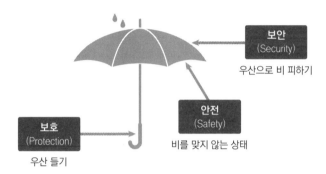

▲ 보안/안전/보호의 관계

비가 내리는 위험을 대비하기 위해서는 비를 맞지 않기 위해서(**안전**) 우산을 들어(**보호**) 비를 피해야(**보안**) 합니다. 이와 같은 행위를 통해 보안을 수행하여 자산을 안전하게 지킬 수 있습니다.

Tip **정보보안과 정보보호의 의미**

보호하는 자산의 유형에 따라 보안의 유형이 나뉩니다. 특히, **정보**를 보호하는 것을 **정보보안**이라고 합니다. 국내 산업계에서는 **정보보호**도 Information Protection이 아닌 Information Security로 말하는 경우가 많습니다. 서로 간의 차이를 구분하지 않고 쓰는 경우도 많습니다. 외부 침입을 **보안**, 내부 유출을 **보호**로 해석하는 의견도 존재합니다.

#003 보안의 연결 공격
Attack Chain of Security

한 줄 요 약 약점으로부터 공격이 발생하여 대응하는 과정

보안에서 위험을 관리하는 요소 중 하나인 약점이나 취약점이 존재하지 않는다면 실제 공격까지 발생하지 않습니다. 그 이유는 **보안의 연결 공격**이라고 불리는 과정에서 하나라도 연결되지 않는다면 실제 침해 사고가 발생할 수 없기 때문입니다.

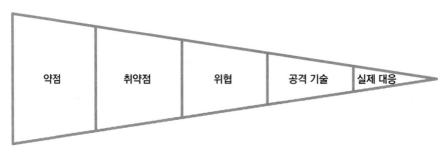

▲ 보안의 연결 공격 체인

보안의 연결 공격 Attack Chain of Security은 존재하는 **약점** 중에 공격 가능한 **취약점**을 분류하여, **위협 요소**로 만들어 **공격 기술**로 발전시키고, 이를 이용한 공격에 대한 보안 전문가들의 **실제 대응**을 통해 공격을 제거/차단하는 일련의 과정을 말합니다. 이러한 과정에서 **연결**을 끊는 행위를 **킬 체인**Kill Chain이라고 합니다.

해킹(◉ Section 5)에서 사이버 킬 체인에 관해 설명할 예정이며, 여기서는 소프트웨어 보안의 주요소인 **약점**Weakness과 **취약점**Vulnerability에 관해 먼저 알아보겠습니다.

비교	약점	취약점
개념	소프트웨어 결함/오류 등으로 인한 공격을 유발할 가능성이 있는 잠재적 보안 취약점	해커 공격의 직접적인 대상이 되는 보안 허점
보안 위협	주로 개발 환경 발생	주로 운영 환경 발생
탐지 방법	진단 도구(정적), 개발자 테스트	웹 스캐닝, 모의 해킹, 취약점 진단
원인 관계	취약점의 근본 원인	보안 사고의 실제 원인
사례	버그, 에러, 결함	SQL 인젝션, XSS
목록화	CWE	CVE

모든 **약점**이 **취약점**이 되는 것이 아니며, 실제로 공격이 가능한 경우만 취약점으로 발전됩니다.

약점에서 취약점으로 발전시키기 위해서는 Concept가 공격 가능한지를 증명하는 PoC Proof of Concept가 필요합니다.

> **Tip** **약점과 취약점의 관리 주체**
>
> **약점**의 경우, 개발자가 소스 코드를 기반으로 버그나 에러를 확인하여 제거해야 합니다.
> **취약점**의 경우, 개발자도 못 찾는 경우가 많기 때문에 보안팀이나 제3자(진단원)를 통해 확인이 가능합니다.
> **보안의 목표**를 위해서는 이러한 약점과 취약점을 잘 관리해야 합니다.

#004 보안의 목표
Goal of Security

자산의 기밀성, 무결성, 가용성을 지키는 것

보안을 수행하는 **이유/목표**는 무엇일까요? 공격을 방어하기 위해서? 중요한 정보를 지키기 위해서? 아니면 남들이 해야 한다고 해서?

일반적으로 기업/개인의 **자산의 가치**를 지키기 위해 보안을 수행합니다. 그러면 **자산의 가치**Value of Asset 는 어떻게 존재할까요? 일반적인 **내 주민등록번호가 저장된 컴퓨터**PC를 가정하겠습니다.

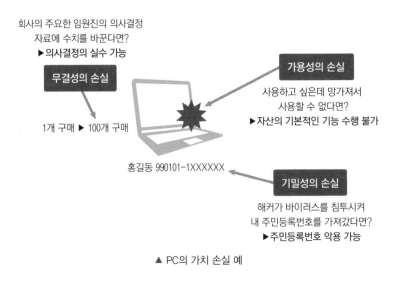

회사의 주요한 임원진의 의사결정
자료에 수치를 바꾼다면?
▶ 의사결정의 실수 가능

무결성의 손실

1개 구매 ▶ 100개 구매

가용성의 손실

사용하고 싶은데 망가져서
사용할 수 없다면?
▶ 자산의 기본적인 기능 수행 불가

홍길동 990101-1XXXXXX

기밀성의 손실

해커가 바이러스를 침투시켜
내 주민등록번호를 가져갔다면?
▶ 주민등록번호 악용 가능

▲ PC의 가치 손실 예

이처럼 다양한 관점에 대해 **가치 손실**Value Loss이 있을 수 있습니다.

그러면 보안에서 말하는 **기밀성, 무결성, 가용성**에 대해서 알아보겠습니다.

미국표준기술연구소National Institute of Standards and Technology, NIST에서 제정한 NIST SP 800-33에서는 정보보안의 기술적 모델에 대해서 제시하였습니다.

그것이 바로 **보안의 세 가지 요소**(3원칙)입니다. 영어의 앞글자를 따서 CIA라고도 부릅니다.

1. **기밀성**Confidentiality: 정보 내용을 알 수 없도록 하는 성질
2. **무결성**Integrity: 정보를 함부로 수정할 수 없도록 하는 성질
3. **가용성**Availability: 접근 시 방해받지 않도록 하는 성질

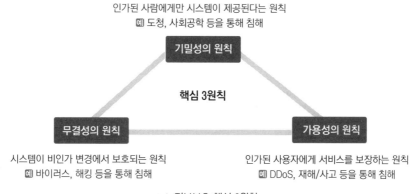

▲ 정보보호 핵심 3원칙

이 외에도 누가/어떻게 보안 사고를 일으키는지 파악하는 **책임 추적성**Accountability과 이 모든 것이 충족됨을 보장하는 **보증**Assurance까지 포함해서 **5원칙**으로 부르기도 합니다.

#005 보안의 분류
Classification of Security

관리적, 기술적, 물리적 측면의 보호

보안을 해보거나 보안업무를 처음 접하게 되면, 주위에서 매번 묻는 질문이 있습니다. "주로 **관리적** 보안을 하세요? **기술적** 보안을 하세요?"

보안에서는 기본적으로 세 가지 영역의 보안이 존재합니다.

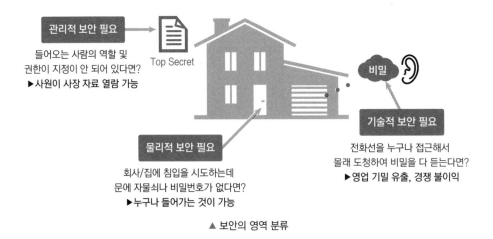

관리적 보안 필요
들어오는 사람의 역할 및
권한이 지정이 안 되어 있다면?
▶사원이 사장 자료 열람 가능

Top Secret

비밀

기술적 보안 필요
전화선을 누구나 접근해서
몰래 도청하여 비밀을 다 듣는다면?
▶영업 기밀 유출, 경쟁 불이익

물리적 보안 필요
회사/집에 침입을 시도하는데
문에 자물쇠나 비밀번호가 없다면?
▶누구나 들어가는 것이 가능

▲ 보안의 영역 분류

회사에 다니게 되면 일반적으로 제일 먼저 하는 일이 무엇일까요? 열쇠, 사원증, 지문 등으로 문을 열고 나의 출근을 알리는 일을 하게 됩니다. 이렇게 인가된 사람만 출입 관리를 하는 것이 **물리적 보안**입니다.

출근해서는 무엇을 할까요? 내가 읽을 수 있는 자료를 이용해 일하게 됩니다. 내가 사장님의 자료를 읽을 수 있을까요? 아닐 겁니다. 각자 역할에 맞는 접근 가능한 자료 등급이 설정되어 있을 겁니다. 이렇게 보안 정책을 수립하고 유지하는 것이 **관리적 보안**입니다.

열심히 인터넷을 통해 자료를 검색하고 있는데 갑자기 백신에서 알람 창이 뜹니다. 바이러스가 침입하려고 했지만 확인해서 차단했다고 합니다. 이렇게 안전한 환경을 제공하는 것이 **기술적 보안**입니다.

세 가지로 분류된 영역은 다음과 같이 정의할 수 있습니다.

1. **관리적 보안**: 조직의 관리 절차 및 규정, 대책을 세우는 방법
   (**예** 보안 정책/절차관리, 보안조직 구성 및 운영, 감사, 사고 조사)

2. **기술적 보안**: 정보 시스템에 적용된 기술에 특화하여 보호하는 방법
   (**예** 네트워크 보안, 시스템 보안, 애플리케이션 보안, 데이터베이스 보안)

3. **물리적 보안**: 설비/시설에 대한 물리적 위협으로부터 보호하는 방법
   (**예** 사업장 출입 관리, 주요시설 관리, 자료 백업, 자산 반/출입 관리)

이처럼 다양한 영역에 대해 각종 **전문가**가 존재하고 그런 전문가를 통해서 각 기업의 보안이 안전하게 지켜지고 있습니다.

이러한 전문가들은 Security Specialist전문 분야, Consultant컨설팅, Designer설계, Operator운영, Developer개발, Manager관리, Engineer기술 지원로 나뉘어 근무합니다.

#006 보안 관련 직업

Job of Security

한 줄 요 약 분석, 컨설팅, 설계, 운영, 개발, 기술 지원의 영역

보안의 직무 영역은 매우 다양합니다. 모든 서비스가 생성되었을 때 가장 먼저 고려해야 할 것은 무엇일까요? 이 책을 읽는 분들은 '**보안**'이라고 답해야겠죠!

클라우드가 생겼을 때는 **클라우드 보안**, 인공지능이 생겼을 때는 **인공지능 보안**, 핀테크가 생겼을 때는 **핀테크 보안**이라고 할 만큼 모든 서비스에 보안을 추가하면 그 서비스의 보안이 됩니다. 그만큼 다양한 서비스 영역에 대한 보안이 필요하고 많은 전문가가 활동하고 있습니다.

보안 관련 직업 Job of Security 분류에서는 서비스 영역보다는 **주요 스킬**에 따라서 보안 직업을 나누어 보겠습니다.

1. Incident Handling Specialist: 침해 사고 대응을 진행하는 전문가(참 취약성 분석 전문가, 침해 사고 대응 전문가, 모의 해킹 전문가 등이 있으며, 보안 분야에서 가장 관심도가 높고 많이 알려진 직업입니다.)

2. Digital Forensic Specialist: 보안 사고 증거를 수집하는 포렌식 전문가

3. Malicious Code Analysis Specialist: 악성코드를 분석하는 전문가

4. Security Consultant: 보안 수준을 파악하고 해결책을 제시하는 전문가

5. **Security Designer**: 보안 시스템의 구성을 설계하고 구축하는 전문가

6. **Security Operator**: 보안 관제 및 보안 솔루션을 운영하는 전문가

7. **Security Developer**: 보안 요구사항에 맞는 제품을 개발하는 전문가

8. **Security Manager**: 정책, 관리 체계 등을 실제로 수행/수립하는 전문가

9. **Security Engineer**: 보안 제품의 상세 운영/기술을 지원하는 전문가

이와 같은 다양한 전문가 외에도 **최고 정보보안 관리자** Chief Information Security Officer, CISO 와 같이 조직의 경영 관점에서 보안 전략을 총괄하는 경영진 레벨의 전문가도 존재합니다.

디지털 시대에는 기술의 깊이가 깊어짐에 따라 한 사람이 모든 영역에 대한 기술을 이해하고 수행할 수가 없습니다. 그에 따라 다양한 영역에 대한 전문가들의 스킬 세트 Skill Set 가 많이 변했으며, 전문가들에 대한 조율 및 협업 또한 많이 중요해졌습니다.

한 가지 영역에 대한 전문성도 물론 중요하지만, **T자형 인재**라고 하는 다양한 영역에 대한 연계를 통해 다른 전문가들과의 **협업 능력**도 보안 영역에서 여기는 중요한 자질입니다.

다른 영역을 **존중**하며 항상 **배우는 자세**로 지낼 수 있다면 보안 관련 직업은 매우 유망하면서도 끊임없이 새로운 학습 거리를 주는 흥미로운 직업이 될 것입니다.

#007 보안 인식 & 훈련 & 교육
Security Awareness & Training & Education

한 줄 요 약

보안 인식: 직원에게 보안 정보를 제공
보안 훈련: 직원에게 보안 지식을 제공
보안 교육: 직원에게 보안의 목적과 행위를 전달

여러분들의 회사나 학교에서는 보안에 대해 잘 이해하고 있는 분들이 많은가요? 대개는 **보안 = 해킹** 또는 **해킹을 막는 행위** 정도로만 알고 있는 분들이 많을 겁니다. 이러한 정도의 **인식**이 대부분이라서 보안을 어렵다고 생각하는 분들이 많습니다. 따라서 주위 사람들에게 보안의 중요성을 잘 전달하기 위해서는 다양한 방식이 수반되어야 할 것입니다.

보통, 기업에서 실행하는 가장 대표적인 방법이 보안 인식Security Awareness 제고Improvement 입니다. 보안에 관심이 없는 일반적인 직원들에게 기본적으로 해야 할 것, 하지 말아야 할 것들을 중심으로 반복하여 정보를 제공하는 행위를 말합니다. 그 방법으로는 설문, 질문, 퀴즈, 역할극, 행사, 온라인 교육 등이 있습니다. 회사의 보안 정책은 무엇인가, 직원으로서 어떤 보안 정책을 준수해야 하는가, 보안 정책을 위반하면 어떠한 징계를 받게 되는가 등에 대한 정보 전달을 통해 보안을 지키도록 하는 활동입니다.

그러면 **보안 훈련**Security Training은 무엇일까요? 직원의 보안 수준을 높이기 위해 경영진이 지속해서 투자하고 지식을 제공하여 학습시키는 과정입니다. 예를 들어, 직원들에게 제공하는 특판 여행상품에 가짜 악성코드를 넣어서 실제로 악성코드에 감염되는 범위를 확인하거나, 지속적인 전달을 통해 의심스러운 메일을 신고하게 하는 것입니다.

기본적으로 보안 인식 및 보안 훈련이 일반 직원을 대상으로 진행한다면, 보안을 전문적으로 하는 보안 직원에게는 어떤 교육이 이뤄져야 할까요? 바로, **보안 교육**Security Education이 필요합니다. 전문적인 기술 훈련을 통해서 정보보안 전문가를 양성하는 학습 과정입니다. 단순히 보안의 행위만이 아닌 원리, 해결 방안, 전문적인 기술까지 전달하여 보안 전문가를 만듭니다. 예를 들어, 모의 해킹 기법, 포렌식 기술, 침해 사고 대응 기술, 위험 관리 등과 같이 전문적인 영역까지 교육을 통해서 배울 수 있습니다. 특히, 기업에서는 예측 가능한 위험을 관리하기 위한 교육을 많이 합니다.

Tip	직원의 분류에 따른 효과적 방법

- **일반 직원**: 보안 인식 제고, 보안 훈련(반복적인 의식의 변화 유도)
- **보안 직원**: 보안 교육(전문가 양성 교육)

#008 위험 관리
Risk Management

한줄요약 | 발생 가능한 이슈를 사전에 관리하여 프로젝트를 성공시키는 관리 기법

보안의 정의에서 언급했던 것처럼 위험의 수준을 낮추도록 관리하는 것이 보안에서의 주요 핵심입니다. 그러면 이러한 **위험 관리**는 무엇일까요?

위험 관리 Risk Management는 프로젝트 전체 기간 중 발생하여 프로젝트의 정상적인 납기, 품질, 원가에 영향을 줄 수 있는 사건들을 프로젝트 수행 중에 식별하고 해결하는 기법을 말합니다. 보안에서의 위험 관리도 다르지 않습니다. 식별된 위험을 **수용 가능한 수준**Degree of Assurance, DoA으로 유지하기 위해 자산 및 시스템의 위험을 평가하고 비용 효과적인 대응책을 수립하는 일련의 과정을 말합니다. 즉, 자산을 평가(위험 계획 수립)하고, 위협/취약점을 도출(위험 식별)하고, 위험 분석을 수행하는 일련의 과정인 것입니다.

한 가지 예로, 공사 현장에서 머리를 다치는 것을 막기 위한 **헬멧 착용** 등과 같은 것이 바로 대표적인 위험 관리입니다. 이러한 위험 관리의 **절차**는 다음과 같습니다.

절차	설명
위험 계획 수립	위험에 대한 접근 계획 및 방법을 결정합니다.
위험 식별	위험 요인을 지속해서 식별하고 문서화합니다.
위험 분석	**정성적/정량적으로 결정을 통해 상세 분석합니다.**
위험 대응	**긍정적 위험은 최대화, 부정적 위험은 최소화합니다.**
위험 감시	위험을 감시하며 감소 계획을 수행/평가합니다.

이러한 위험 관리의 절차 중에서는 **분석** 및 **대응**이 제일 중요합니다.

위험 분석 Risk Analysis의 유형은 전문가의 관점에서 직관적인 경험을 기반으로 분석하는 **정성적 위험 분석**(델파이Delphi 기법, 확률 영향 평가)과 정확한 숫자에 따라서 객관적인 방법을 통해서 분석히는 **정량적 위험 분석**(의시결정 분석, 민감도 분석)으로 니닙니다.

위험 분석 이후 실제적인 처리를 위해서는 **위험 대응**이 필요합니다. **위험 대응**Risk Response의 **유형**은 직접적인 사업의 기회로 이용되는 **긍정적 위험 대응**과 위기를 해결하기 위한 **부정적 위험 대응**으로 분류됩니다. 상세 내용은 다음과 같습니다.

분류	유형	설명
긍정적 위험 대응(기회)	공유(Share)	제삼자와의 협력을 기회로 이용하는 방식
	활용(Exploit)	불확실성을 줄여 기회를 실현하는 방식
	향상(Enhance)	영향력을 키워 사업 규모를 키우는 방식
	수용(Accept)	대응 불가한 위험 발생 시 무시하는 방식
부정적 위험 대응(위험)	회피(Avoid)	해당 사업 자체를 포기하는 방식
	전이(Transfer)	보험과 같이 타인이 대응하는 방식
	완화(Mitigate)	위험을 수용 수준까지 낮추는 방식
	수용(Accept)	합리적인 위험을 받아들이는 방식

대부분은 **완화**가 많이 이용되지만, **전이**(사이버 보험)도 증가하고 있습니다. 참고로, 프로젝트를 관리하는 《PMBOK(6th)》에서는 위험 대응에 대한 **계획을 수립**하는 단계와 **대응을 실행**하는 단계로 추가적으로 분류하였습니다. 또한, 위험 대응의 공통적인 사항으로 **에스컬레이션**Escalation이 추가되어 본인의 권한을 벗어난 위험에 대해서 상위 관리자에게 넘기는 방법도 생겼습니다.

#009 보안의 윤리
Ethics of Security

한 줄 요 약 보안 기술을 악의적으로 사용하지 않는 것

보안 영역에서는 행동에 따른 책임이 그 어느 곳보다 더 크게 부여됩니다. 예를 들어, 대학생들이 교수의 계정과 시스템을 해킹해서 출결과 과제 등 **성적을 조작**하여 들킨 경우와 고등학생이 웹하드를 통해 악성 프로그램을 유포하여 좀비 PC를 만들어 **게임회사의 서버 장애**를 일으킨 범죄와 같이 다양한 해킹 범죄가 존재합니다. 이러한 식으로 보안 기술만 익히고 **윤리**Ethics 가 존재하지 않는다면 어린아이에게 식칼을 맡긴 것처럼 매우 위험한 상태가 될 것입니다.

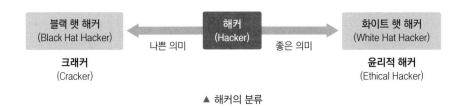

▲ 해커의 분류

정보보안에 대한 학습은 흔히 양날의 검이라고 말합니다. 요리사에게 칼은 맛있는 요리를 만드는 요리도구로 이용될 것입니다. 이러한 요리사와 같은 사람을 보안에서는 **화이트 해커**White Hacker, White Hat Hacker 라고 합니다.

물론, 착한 사람만 있을 수는 없습니다. 나쁜 사람도 존재하죠. 강도에게도 칼이 갈 수 있습니다. 이러한 경우를 **블랙 해커**Black Hacker, Black Hat Hacker 라고 합니다. 우리가

알고 있는 많은 수준의 범죄가 바로 이러한 블랙 해커에 의해서 일어납니다. **크래커**Cracker와 동일한 의미입니다. 특히, **스크립트 키디**Script Kiddie는 보안 윤리 의식도 없이 단순한 해킹 기법 몇 개를 배워서 해킹을 시도하는 사람을 말하는데, 본인들이 생각하는 것보다 더 큰 처벌을 받을 수 있는 위험한 행위를 할 수 있습니다(📵 수능 시험 점수 미리 보기 등).

특히, 해킹(모의 해킹)의 경우에는 이런 윤리 의식이 절실합니다.

1. 사전 허가, 합법적 수행, 위험 관리 목적으로 수행해야 하며,
2. 취약점은 시스템 보호 목적으로만 찾아야 합니다.

잊지 마셔야 할 것은 모의 해킹에서 가장 중요한 것은 바로 **사전 수행 승인**입니다. 사전에 허가받지 않은 모의 해킹은 범죄입니다.

이러한 보안에 대한 윤리가 사상으로 발전하면 어떻게 될까요? 해킹Hacking과 행동주의Activism의 합성어로서, 공격 대상자의 시스템에 침입하여 정치적/사회적 목적으로 해킹이나 시스템을 파괴하는 행위인 **핵티비즘**Hacktivism이 되는 경우도 있습니다.

◀ 대표적으로 위키리크스 지지 선언, 소니 해킹과 아랍 민주화 운동 지지, 파리 참사 보복 IS 공격 선언 등을 수행한 **어나니머스**(Anonymous)와 같은 국제 해커 단체가 있습니다.

윤리를 지키기에 앞서 강제적으로 보안을 지키도록 하여 자산을 보호하는 방법으로는 **암호학**이 있습니다.

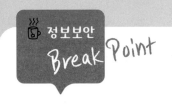

보안인의 축제, 보안 세미나

새로운 공격 기술의 등장과 함께 새로운 보안 솔루션의 등장, 공론화된 정보보안의 이슈에 대한 토론은 어디에 있을까요? 바로, 다양한 세미나를 통해서 새로운 인사이트를 공유할 수 있습니다.

① RSAC(RSA Conference)

미국 샌프란시스코에서 열리는 가장 큰 규모의 세계 정보보안 콘퍼런스 중 하나입니다. 약 50,000여 명 정도가 참가하는 세미나인데, 정보보안 지식 공유만 하는 게 아니라 포렌식 대회, 해킹 시연 등의 다양한 세션도 함께 열립니다. 또한, 글로벌 정보보안 기업들이 최신 보안 기술과 제품을 선보이며 보안 패러다임이 어떻게 변화하는지를 보여주는 행사입니다.

- 홈페이지: www.rsaconference.com(매년 2~3월에 개최, 모스콘 센터)

② 데프콘과 블랙햇

미국 라스베이거스에서 열리는 해커들의 여름 캠프라고 불리는 콘퍼런스입니다. 6일간 블랙햇BlackHat을 열고, 이후 연달아서 데프콘DEFCON이 열립니다. 블랙햇은 정보보안 분야의 다양한 기술적, 산업적 주제를 다루며, 각종 산업 전문가의 보안 전략발표도 많습니다. 데프콘에서는 해킹 방어 대회Capture The Flag, CTF를 비롯해 모의 해킹시연, 해킹 기술 동향 공유 등 해커 커뮤니티에 초점을 맞추고 있습니다.

- 홈페이지: www.blackhat.com(매년 8~9월에 주로 개최, 라스베이거스)

이 외에도 국내에서 진행하는 주요 세미나로는 정보보안의 국제 시큐리티 콘퍼런스ISEC, 물리보안의 세계 보안 엑스포SECON, 금융 정보보호 콘퍼런스FISCON 등이 있습니다.

암호학

주요 내용

기원전부터 발전해 온 보안의 기본인 암호학에 대한 개념과 다양한 암호 알고리즘의 분류 및 사례에 대해서 알아보겠습니다.

- 암호학의 개요 Summary of Cryptology
- 암호 알고리즘의 분류 Classification of Cryptographic Algorithm
- 암호 알고리즘의 보안 강도 Strength of Cryptographic Algorithm
- 대칭키 암호화 Symmetric (Key) Cryptography
- 비대칭키 암호화 Asymmetric (Key) Cryptography
- 해시 Hash
- OTP One Time Password
- 공개키 기반 구조 Public Key Infrastructure, PKI
- 전자 서명 / 전자 봉투 Digital Signature / Digital Envelope
- 양자 컴퓨터 Quantum Computer
- 양자 암호 통신 Quantum Cryptography Communication

#010 암호학의 개요
Summary of Cryptography

한 줄 요 약 평문을 암호문으로 만드는 과정

모든 데이터가 누구나 알아볼 수 있는 형태인 **평문**Plaintext으로 전달된다면 어떻게 될까요? 모든 사람이 타인의 데이터를 볼 수 있을 겁니다.

내가 네이버나 구글에 접속할 때 이용하는 아이디Identification, ID나 비밀번호Password, PW를 옆에 있는 친구나 모르는 사람이 알 수도 있습니다. 즉, 내 정보를 이용한 범죄 및 사고가 발생할 수 있습니다. 이런 이유로 바로 암호학의 기본은 **기밀성**을 지키는 것을 최우선으로 합니다. 물론, 일부 무결성도 보장하기는 합니다.

암호화Encryption는 무엇일까요? 전달하고자 하는 메시지의 내용이 불명확하도록 **평문**Plaintext을 **암호문**Ciphertext으로 만드는 과정을 말합니다.

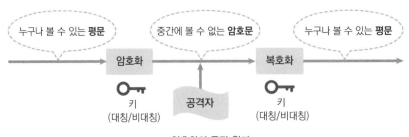

▲ 암호화의 동작 원리

송신자는 누구나 알아보는 평문 메시지를 **키**Key를 통해 암호화Encryption시켜 해독하기 어려운 암호문 메시지로 전송하고, **수신자**는 키를 이용해서 해당 메시지를 복호화Decryption시켜 다시 알아볼 수 있는 평문 메시지로 만들게 됩니다.

너무 어렵나요? 그러면 간단한 예를 들어 보겠습니다. 기원전 100년경에 로마에서 활약하던 시저Caesar 장군이 주로 사용했던 암호 방법입니다. 그래서 **시저 암호화**Caesar Cipher라고 합니다.

Plain:

A B C D E F G

Cipher:

$\downarrow$ +3칸 이동
(키)

D E F G H I J

▲ 시저 암호화의 원리

영문자의 위치에서 **+3칸(Key)**을 이용해 암호화하는 방식입니다. 'I LOVE YOU'를 암호화하면 'L ORYH BRX'가 되는 것입니다.

만약 단순히 3칸이 아니라 우리가 알 수 없는 엄청나게 큰 수라면 어떻게 될까요? 아무도 알 수 없는 특별한 규칙에 의해 임의의 숫자를 발생시키는 것이 **난수**Random Number입니다. 이를 암호화에 이용하기 위해서 난수와 평문을 결합하면 암호문은 예측하기 어려울 것입니다.

#011 암호 알고리즘의 분류
Classification of Cryptographic Algorithm

한 줄 요 약 양방향/단방향, 대칭키/비대칭키, 스트림/블록

암호화 방법은 몇 가지나 될까요? 셀 수 없이 다양한 방법의 암호 알고리즘이 존재합니다. 많이 알려진 공개된 방법 외에도 기업에서 공개하지 않은 알고리즘을 이용하는 비공개된 방법도 존재하기 때문입니다.

암호 알고리즘 Cryptographic Algorithm은 평문을 암호문으로 변환하기 위해 쉽게 알아볼 수 없도록 만드는 절차와 방법을 말합니다.

이러한 알고리즘의 분류는 어떻게 하면 될까요? 비공개 방법도 존재하나, 비공개 알고리즘은 각 회사의 기밀이자 외부에 알려지지 않기 때문에 공개 알고리즘 기준으로 분류하겠습니다.

기본적으로는 복호화가 가능한 ① **양방향**Two-Way 알고리즘과 복호화가 불가능한 ② **단방향**One-Way 알고리즘으로 분류됩니다.

① **양방향**에서는 암호화 키와 복호화 키가 동일한 **대칭키**Symmetric Key(ⓞ #013)와 암호화 키와 복호화 키가 다른 **비대칭키**Asymmetric Key(ⓞ #014) 방식으로 나뉩니다. 또한, 대칭키는 1비트/바이트씩 암호화시키는 **스트림**Stream 방식과 여러 개의 글자를 묶어 암호화시키는 **블록**Block 방식이 존재합니다. 비대칭키는 사용하는 원리에 따라 인수분해,

이산대수, 타원곡선 방식이 존재합니다.

② **단방향**은 키 유무에 따라 키가 존재하지 않는 알고리즘인 MDC Modification Detection Cryptography와 키가 존재하는 MAC Message Authentication Cryptography 방식으로 나뉩니다.

▲ 암호 알고리즘의 분류

이러한 암호 알고리즘의 수준은 암호화 시 구성하는 **키의 길이**와 **알고리즘의 암호 강도**를 통해 결정됩니다.

한 줄 요 약 80, 112, 128, 192, 256비트로 정의된 암호화 수준

암호화된 데이터가 취약점 때문에 노출된다는 말을 들어 본 적이 있나요? 암호화를 하더라도 **키**Key**의 길이에 따라 암호화의 강도**Strength of Cryptographic, 보안 강도**가 결정됩니다. 예를 들어, 암호화 키가 1234라고 하면 **무작정 대입**Brute Force**을 통해 키를 맞추는 데 걸리는 시간은 $10 \times 10 \times 10 \times 10 = 10{,}000$번을 통해서 그 안에 맞출 수 있습니다. 암호화 키가 12345라고 하면 10만 번을 해야 하겠죠.

"그러면 모든 암호화에서 키 길이가 길면 강도가 더 강해지나요?" 대부분의 암호화 알고리즘에서는 "**그렇습니다.**" 물론, 모든 알고리즘이 키 길이에 따라 동일하게 올라가는 것은 아닙니다.

1. 암/복호화 키가 동일한 **대칭키**의 경우, 키 길이가 1비트 증가 시 최대 대칭키 수가 두 배가 되어 강도도 동일하게 두 배가 됩니다.
2. 암/복호화 키가 다른 **비대칭키**의 경우, 키 길이가 1비트 증가 시 강도의 증가가 약 1.02~1.05배 정도로 높지 않습니다.
3. 단방향 암호화인 **해시**Hash(◐ #015)에서 MDC의 경우는 별도의 키가 존재하지 않습니다. 암호화에 이용되는 키가 존재하지 않아 강도의 측정이 불가하기 때문에 해시된 메시지의 길이가 보안 강도로 이용됩니다.

[대칭키/해시 암호 알고리즘 기준] 키 길이 = 보안 강도

보안 강도	대칭키	해시(단순/전자 서명용)	안전성 기간
80비트	SEED, HIGHT, ARIA-128/192/256, AES-128/192/256	HAS-160, SHA-1, SHA-224/256, SHA-384/512	2010년까지
112비트	SEED, HIGHT, ARIA-128/192/256, AES-128/192/256	SHA-224/256/384/512	2011~2030년
128비트	SEED, HIGHT, ARIA-128/192/256, AES-128/192/256	SHA-256/384/512	2030년 이후 (최대 30년)
192비트	ARIA-192/256, AES-192/256	SHA-384/512	
256비트	ARIA-256, AES-256	SHA-512	

[비대칭키 암호 알고리즘 기준] 대표적으로 RSA와 ECC가 존재합니다.

1. 인수분해 문제(RSA 알고리즘): 보안 강도 80비트(1024비트), 보안 강도 112비트 (2048비트)
2. 타원곡선(ECC 알고리즘): 보안 강도 80비트(160비트), 보안 강도 112비트(224비트)

대칭키를 기준으로, 비대칭키의 대표적인 알고리즘인 RSA의 경우는 12.8배, ECC는 2배의 키 길이가 필요합니다. 그에 따라 무선 환경에서는 가벼운 암호화 수행을 위해서 ECC를 RSA보다 많이 사용합니다.

비대칭키의 경우 대칭키의 암호화 강도를 지키기 위해서는 상대적으로 큰 키 길이가 필요하기 때문에 데이터 암호화 대부분은 **대칭키**를 이용합니다.

#013 대칭키 암호화
Symmetric (Key) Cryptography

암호화 키와 복호화 키가 동일한 암호화 방식

회사나 학교의 사물함을 사용한다고 가정하겠습니다. 사물함을 이용할 때 나만의 공간에 안전하게 물건을 넣기 위해서 자물쇠로 잠그는 행위가 존재하겠죠. 이때 사용되는 것이 바로 **자물쇠**와 **열쇠 = 키**일 것입니다. **대칭키**는 이런 개념과 같습니다.

잠그는(암호화하는) 열쇠(키)와 여는(복호화하는) 열쇠가 같은 방식입니다. 너무나도 당연한 이야기인가요? 이런 방식은 생활에서 사용하는 가장 기본적인 보호 방법입니다.

대칭키 암호화 Symmetric Cryptography는 암호화에 사용하는 암호화 키와 복호화에 사용하는 복호화 키가 동일한 암호 방식을 말합니다.

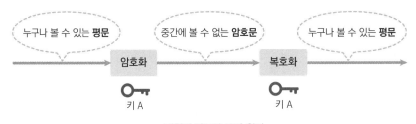

▲ 대칭키 암호화 동작 원리

앞에서 언급한 바와 같이 대칭키의 경우 1비트/바이트씩 암호화시키는 **스트림**Stream 방식과 여러 개의 글자를 블록 단위로 묶어 암호화시키는 **블록**Block 방식이 존재합니다.

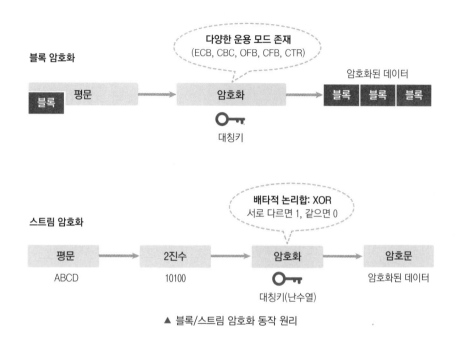

▲ 블록/스트림 암호화 동작 원리

일반적으로 암호 강도는 블록 암호화가 스트림 암호화보다 좋습니다. 무선에서는 데이터 유실 문제 때문에 스트림 암호화를 이용하기도 하지만, 대부분 암호 강도 블록 암호화를 많이 사용합니다.

국제 표준으로는 **DES**Data Encryption Standard가 많이 사용되었으나 취약점으로 인해 **AES**Advanced Encryption Standard로 바뀌었습니다. 또한, 국산인 **SEED, ARIA, LEA**도 있습니다.

그러나 모든 암호화를 대칭키로만 할 수 있을까요?

한 줄 요 약 | 암호화 키와 복호화 키가 다른 암호화 방식

대칭키 암호화 알고리즘이 보안 강도도 좋고 빠른 속도로 인해 많이 이용되고 있습니다. 하지만 치명적인 단점이 존재합니다. 바로, **키의 공유**Key Share 문제입니다.

A와 B가 암호화 통신을 하기 위해서는 키를 둘이 공유해야 하는데, 네트워크로 전달하는 시점에 누가 보고 가로챈다면 이후의 모든 통신은 타인에 의해 조작당할 수 있습니다. 그러면 어떻게 해야 할까요? 디피–헬만Diffie Hellman 키 교환 등이 있지만, 그조차도 완벽한 대응책이 아닙니다. 그러한 문제점을 보완하기 위해서 태어난 방식이 존재합니다. 바로, **비대칭키 암호화**입니다.

비대칭키 암호화 Asymmetric Cryptography 는 암호화에 사용하는 암호화 키와 복호화에 사용하는 복호화 키가 다른 암호 방식을 말합니다.

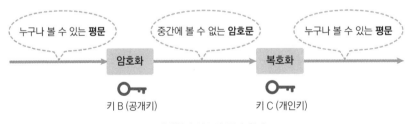

▲ 비대칭키 암호화 동작 원리

암호화는 누구나 가질 수 있는 **공개키**Public Key로 암호화하고, 복호화는 개인만이 가지고 있고 외부에 알려지지 않은 **개인키**Private Key로 함에 따라 대칭키가 안고 있는 안전한 키 교환이라는 문제를 해결합니다.

대표적으로 우리가 알고 있는 **공인인증서**가 이러한 방식을 이용합니다. 이러한 방식의 대표적인 구성을 PKI Public Key Infrastructure (◯ #017)라고 합니다. 사용자의 USB나 하드디스크에 개인키를 가지고 있고 외부 은행들이 공개키를 가지고 있어서 암호화, **전자서명**(◯ #018) 등을 수행합니다.

비대칭키의 특성에 따라 본인의 공개키를 노출시켜야 합니다. 그래서 다른 말로는 **공개키 암호화**Public Key Cryptography 방식이라고도 합니다.

이러한 비대칭키 암호화 방식은 공개키와 개인키를 서로 찾기 어려운 수학적 원리에 따라서 분류합니다. 큰 소인수의 곱은 인수분해가 어렵다는 원리를 이용한 **RSA**Rivest, Shamir, Adleman와 타원 기반의 구조체 안정/효율의 원리를 이용한 **ECC**Ecliptic Curve Cryptography, 그리고 전자 서명에 많이 사용되는 유한체에서 이산대수 문제를 이용한 **ElGamal**이 대표적입니다.

보통은 키 길이의 문제 때문에 유선에서는 전통적인 RSA를 많이 사용하며, 무선에서는 적은 비트로 암호화하는 ECC를 주로 사용합니다.

#015 해시
Hash

임의의 입력값을 고정된 크기로 변환하는 함수

현대 암호화에서 가장 많이 사용되는 암호화 알고리즘이 무엇이냐는 질문에, 대부분의 보안 전문가는 고민도 하지 않고 바로 **해시** 암호화 방식이라고 말할 것입니다.

해시Hash는 임의의 크기의 입력값을 결정된 고정 크기의 출력값으로 바꾸는 일방향성 (단방향성) 암호화 함수를 말합니다.

가장 많이 사용되는 이유는 바로 **일방향성**One-Way 때문입니다. 한쪽 방향으로는 제작할 수 있지만, 반대 방향으로는 복구할 수 없는 그런 암호화 방식, 그 때문에 **비밀번호, 개인정보** 등을 암호화합니다.

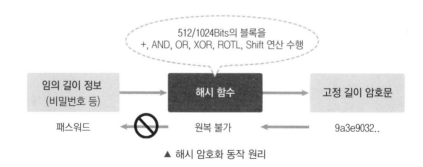

▲ 해시 암호화 동작 원리

해시 암호화는 세 가지의 **안전성 기준**에 따라 이러한 일방향성 특성을 가지게 됩니다.

1. **역상 저항성**: 해시값Hash Value으로 원문을 유추할 수 없습니다.
   (📖 $\text{Hash}(X) = Y$ 🚫 X 찾기)

2. **제2역상 저항성**: 원문과 동일한 해시값의 타 원문을 유추할 수 없습니다.
   (📖 $\text{Hash}(m1) = \text{Hash}(m2)$ 🚫 m2 찾기)

3. **충돌 저항성**: 동일한 해시값을 가진 다른 두 원문을 유추할 수 없습니다.
   (📖 $\text{Hash}(m1) = \text{Hash}(m2)$ 🚫 m1, m2 찾기)

이러한 해시 함수는 키 유무에 따라 키가 존재하지 않는 알고리즘인 **MDC**Modification Detection Cryptography와 키가 존재하는 **MAC**Message Authentication Cryptography로 분류합니다.

MDC는 무결성 검증, 비밀번호 암호화 등에 사용되며, 대표적인 해시 알고리즘으로는 **MD**Message Digest Algorithm, **SHA**Secure Hash Algorithm가 존재하며, 국내의 **LSH**Lightweight Secure Hash도 사용되고 있습니다.

MAC는 대칭키 기술을 같이 사용하여 해시값을 변경할 수 없도록 하는 방식으로, **H-MAC**Hash-MAC, **CBC-MAC** 등이 사용됩니다.

그러면 이러한 해시는 어떠한 방식으로 만들까요? 다음과 같이 간단한 원리들의 조합으로 만들어지고 있습니다.

1. **제산법**: 512%100=12와 같이 100으로 나눈 나머지 값을 이용
2. **중간 제곱법**: $512^2 = 262144$와 같이 중간자리의 숫자를 제곱 처리
3. **이동법**: 12345678 => 3456과 같이 킷값의 중앙에서 양분하여 이용
4. **난수 생성법**: RNG(랜덤 넘버 생성)과 같이 난수 프로그램을 이용

이 외에 **기수 변환법, 중첩법, 대수적 코딩, 자리 재배열** 등이 존재합니다.

#016 OTP
One Time Password

한줄요약   일회용 비밀번호를 매번 다르게 생성하는 기술

지금까지 어려운 암호학 이론에 대해서 알아봤습니다. 그러면 이러한 암호학 이론을 실제로 구현하여 실생활에 이용하는 경우에는 어떤 것들이 있을까요?

우리가 인터넷 뱅킹을 통해서 타인에게 돈을 이체하려 할 때 가장 먼저 필요한 물리적인 기기가 무엇일까요? 머릿속에 떠오른 장치가 있나요? 보안 카드를 떠올린 분도 있겠지만, 바로 **OTP** 기기입니다.

OTP One Time Password는 원격 사용자 인증 시 유발되는 비밀번호 재사용 공격을 차단하기 위해 사용 시마다 매번 바뀌는 일회성의 사용자 인증용 암호를 말합니다.

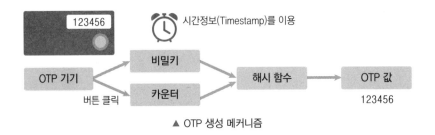

▲ OTP 생성 메커니즘

OTP는 암호화 분류에서 **대칭키 방식 중 스트림 암호 방식**의 대표적인 주자입니다. 비밀키 Secret Key와 임의의 카운터 Seed와 해시 함수 Hash Function의 조합으로 만들어집니다.

동작 방식에 따라 다음의 두 가지 유형이 존재합니다.

1. **비동기식 방식**은 OTP 토큰과 인증 서버 사이에 기준값 없이 임의의 난숫값을 다른 채널로 전달하면 해당 내용을 전달하는 방식입니다. **핸드폰 문자**로 온 OTP 인증값을 로그인 시에 넣으면 되는 방식으로, **질의 & 응답**Challenge & Response **방식**이라고 합니다.

2. **동기식 방식**은 별도의 사용자에게 전달하는 행위 없이 동기화되는 기준값에 따라 시간/이벤트를 조합하고 전달하여 확인하는 방식입니다. **은행의 OTP 카드**를 이용하여 버튼을 눌러 생성된 OTP 값을 사이트에 넣는 방식으로, **시간, 이벤트, 시간-이벤트 방식**이라고 합니다.

이러한 OTP 기기는 암호학 관점에서 해당 장비를 소유하지 않으면 해킹으로는 침해할 수 없는 방식으로, **2-Factor 인증**(두 가지 이상 기법을 조합해서 인증)하는 방식의 대표 주자로 사용됩니다.

2-Factor 인증은 ID/비밀번호(지식 영역: 내가 알고 있는 지식 정보) + 핸드폰/OTP 기기(소유 영역: 내가 가지고 있는 장치 추출 정보)를 조합하여 안전한 인증을 하도록 도와줍니다. **공인인증서**와 더불어 온라인 금융 거래에서 많이 사용되고 있습니다.

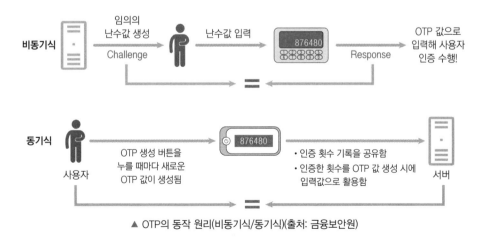

▲ OTP의 동작 원리(비동기식/동기식)(출처: 금융보안원)

#017 공개키 기반 구조

Public Key Infrastructure, PKI

한 줄 요 약 신뢰하는 제삼자 증명을 통해 거래하는 공개키 구조

#016에서는 대칭키의 스트림 암호 대표 주자를 알아봤습니다. 그럼, 여기서는 또 다른 암호화 방식의 대표 주자를 알아볼까요?

온라인 금융 거래의 OTP보다 더 오래되면서도 많이 사용되는 기술은 무엇일까요? 바로, **공인인증서**National PKI, NPKI 입니다. **공인인증서**는 국가에서 만든 공개키 기반 구조를 말합니다.

공개키 기반 구조 Public Key Infrastructure, PKI 는 **인증기관**Certification Authority, CA 에서 공개키와 개인키를 포함하는 **인증서**Certificate를 발급받아 네트워크상에서 안전하게 비밀통신을 가능케 하는 기반 구조를 말합니다.

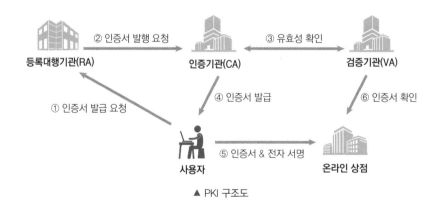

▲ PKI 구조도

우리가 **공인인증서**라고 말하는 것은 앞에서 말한 바와 같이 국가가 제삼자로서 증명을 통해 거래할 수 있도록 만든 PKI 구조입니다. 그럼, 각 **구성 요소**에 대해 알아보겠습니다.

구성 요소	설명	예
인증기관	• Certification Authority(CA) • 인증 정책 수립, 인증서 및 인증서 폐기 목록 관리 CRL 등록/인증	한국정보인증, KOSCOM, 금융결제원
등록기관	• Registration Authority(RA) • 사용자 신원 확인, 인증서 요구를 승인, CA에 인증 서 발급 요청, 인터페이스 제공	은행, 증권사
검증기관	• Validation Authority(VA) • 유효성을 검증/확인 주체	타 등록기관
CRL	• Certificate Revocation List(CRL) • 인증서 폐기목록, 인증서 유효 점검	일괄 처리 목록
Directory	• 인증서, 암호키에 대한 저장, 관리, 검색	LDAP
OCSP	• Online Certification Status Protocol • 실시간으로 인증서의 유효성을 검증	OCSP 서버
X.509	• CA가 발행한 공개키 인증서 표준 포맷	공인인증서

위와 같이 다양한 구성 요소가 협업하여 서로 간의 안전한 거래를 보장합니다. 설명이 어렵다면 다음의 예를 참고하세요.

사용자의 요청에 따라 **은행**에서 **공인인증서**를 발행하기 위해 **금융결제원**에 요청합니다. 이렇게 X.509 표준으로 발급된 인증서는 CRL정기적 검사과 OCSP실시간 검사를 통해서 안전하게 **디렉터리** 방식으로 유효성을 검증합니다.

> **Tip**
> 최근 21년만에 공인인증서 의무사용을 폐지하는 전자서명법이 통과됨에 따라 반드시 공인인증서를 이용하지 않고도 전자상거래가 가능해졌습니다. 그에 따라 OTP, 웹 기반 코드 서명, 전용 SW 구현, ARS/SMS, 스마트 OTP, DID, 블록체인 등이 사용될 것으로 예상됩니다. 그중에서 가장 많이 사용될 기술로는 바이오 인증을 이용하는 FIDO(◉ #057)가 있습니다.

#018 전자 서명 / 전자 봉투
Digital Signature / Digital Envelope

한 줄 요 약
전자 서명: 공개키를 이용해서 본인의 행위를 증명하는 서명
전자 봉투: 수신자의 공개키로 전자 서명을 암호화로 전달하는 방식

공개키는 데이터 암호화 기능 이외에 서명 기능이 존재합니다. 공인인증서를 통해서 거래 시에 본인이 이 거래를 승인했음을 어떻게 알 수 있을까요? 바로 **전자 서명**을 통해서 자신이 이 거래를 하도록 승인했음을 증명합니다.

전자 서명 Digital Signature은 서명자를 확인하고 서명자가 전자문서/거래에 서명하였음을 나타내는 데 이용하기 위하여 결합된 전자적 형태의 정보를 말합니다.

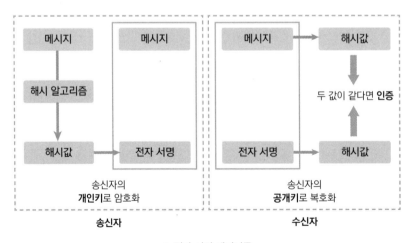

▲ 전자 서명 메커니즘

전자 서명은 서명자만이 서명 가능한 **위조불가**Unforgettable, 불특정 다수가 검증 가능한 **서명자 인증**Authentication, 서명 사실에 대한 부인이 불가능한 **부인방지**Non-Repudiation의 특징을 가집니다.

이러한 전자 서명은 **보내는 사람(송신자)만이 가진 개인키**를 이용해서 암호화(서명)합니다. 이러한 전자 서명을 안전하게 송신하기 위한 기술이 **전자 봉투**입니다.

전자 봉투 Digital Envelope는 송신자가 송신 내용을 암호화하기 위하여 사용한 비밀키(대칭키)를 수신자만 볼 수 있도록 수신자의 공개키(비대칭키)로 암호화시킨 전자화된 봉투를 말합니다.

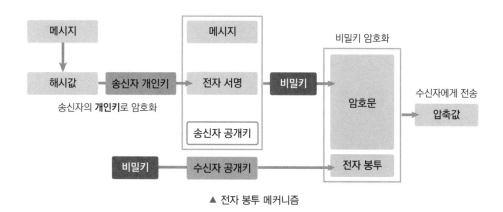

▲ 전자 봉투 메커니즘

전자 서명을 **송신자의 공개키**와 **원문 메시지**를 같이 암호화한 후 **비밀키**를 **수신자의 공개키**로 암호화하여 수신자만 볼 수 있게 전달합니다.

#019 양자 컴퓨터
Quantum Computer

한 줄 요 약 양자 정보를 이용하여 초고속 연산을 수행하는 미래의 특수 컴퓨터

암호학의 발달은 무엇에 따라 영향을 받을까요? 바로 컴퓨팅 성능입니다. 이론상으로 정해진 시간 이내 해독할 수 없다면 그 암호는 안전한 것으로 판단합니다.

암호 알고리즘의 보안 강도(◉ #012)에서 알아봤던 바와 같이 **안전성 기간**은 현재 컴퓨팅 성능을 고려해서 키의 길이를 선정합니다. 그러나 갑자기 컴퓨팅 성능이 좋아진다면 어떨까요? 기존의 암호화된 데이터들이 전부 복호화되는 문제가 발생할 것입니다. 그 대표적인 이슈가 바로 **양자 컴퓨터**입니다.

양자 컴퓨터 Quantum Computer 는 양자 정보 이론(정보 소자의 극소화 과정)에서 나타나는 0과 1의 경계가 모호한 양자 역학적 상태(큐비트)를 이용한 컴퓨팅입니다. 연산 속도가 매우 빠른 컴퓨터입니다.

구현 원리에 따라서 양자 어닐링, 레이저 네트워크 방식과 같은 **아날로그 방식**과 초전도 큐비트, 스핀 큐비트, 이온 트랩을 이용한 **디지털 방식**으로 나눕니다. 이러한 다양한 방식을 통해 기존 방식으로는 1비트를 처리할 시간에 여러 개의 중첩된 비트를 처리하여 순식간에 계산이 가능합니다.

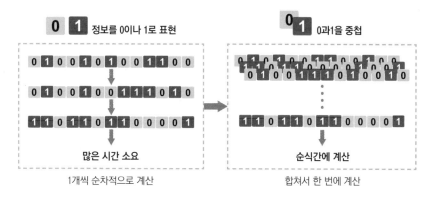

정보를 0이나 1로 표현

0과1을 중첩

많은 시간 소요

순식간에 계산

1개씩 순차적으로 계산

합쳐서 한 번에 계산

▲ 양자 컴퓨터의 연산 개념도(출처: IITP)

양자 컴퓨터는 IBM의 20큐비트 양자 컴퓨터와 양자 컴퓨터 클라우드 상용화, 구글의 72큐비트 양자 프로세서 공개와 같이 다양하게 발전하고 있습니다. 양자 컴퓨팅이 발전함에 따라 **비대칭키** 알고리즘의 복호화를 단축할 수 있는 **Shor 알고리즘**(양자 푸리에 변환을 이용해 인수분해를 푸는 시간 단축)과 **대칭키** 알고리즘의 복호화를 단축할 수 있는 **Grover 알고리즘**(정렬되지 않는 데이터베이스의 원소를 찾는 방식)을 이용한 빠른 복호화 처리는 현대 암호 알고리즘의 위기를 만들고 있습니다.

이러한 알고리즘이 양자 컴퓨팅의 성능과 만나 새로운 시대의 암호가 필요해지고 있습니다. 그러한 암호를 **양자 내성 암호**라고 합니다.

양자 내성 암호 Post Quantum Cryptography, PQC 는 양자 컴퓨팅의 공격으로부터 안전하다고 알려진 암호 방식인데, 다변수 기반Multivariate-based, 코드 기반Code-based, 격자 기반Lattice-based, 아이소제니 기반Isogeny-base, 해시 기반Hash-based 전자 서명 등으로 구분됩니다.

양자 내성 암호와 **양자 암호 통신**을 이용하여 양자 컴퓨팅 시대에서 안전한 암호 통신 환경을 구성하게 됩니다.

#020 양자 암호 통신
Quantum Cryptography Communication

한 줄 요 약 양자 채널을 통해 난수 교환 후 암호화 통신을 하는 방식

양자가 보안에 위협만을 가져왔을까요? 정답은 **'아니다'**입니다. 물론, 양자 컴퓨팅과 같은 연산 속도가 높은 컴퓨팅 기술로 인한 보안의 위협도 간과할 수 없는 큰 위협임이 틀림없지만, 보안의 새로운 방법을 신설하게 되는 결과도 낳았습니다. 바로, **양자 암호 통신**입니다.

양자 암호 통신 Quantum Cryptography Communication은 양자 중첩, 얽힘, 불확정성의 원리 등 양자 역학의 원리를 기반으로 암호용 키를 송/수신부에 분배하고 암호화 통신을 진행하는 양자 역학 기반의 보안 통신 기술입니다.

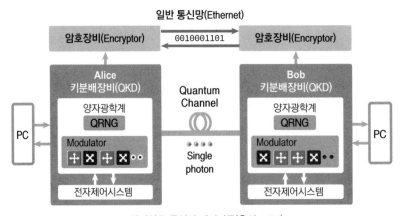

▲ 양자암호 통신의 메커니즘(출처: KIST)

양자의 특성에 따라 중간에서 획득이나 변조가 불가능한 특성은 암호화 키 교환에서 완벽한 조건으로 사용됩니다.

양자 암호화 통신은 양자 채널과 일반 채널을 전부 이용합니다.

1. **양자 채널**Quantum Channel로는 광자 하나하나에 신호를 실어서 보내는 방식으로, 방향성을 가지는 **편광**Polarization과 파형의 직접적인 각도인 **위상**Phase의 특성을 이용해 안전한 양자를 이용한 통신을 합니다.
2. **일반 채널**Public Channel로는 일반 이더넷 방식의 디지털 신호로 통신합니다.

그에 따라 현재 수준의 양자 암호화 통신은 **양자 난수 생성기**Quantum Random Number Generator, QRNG를 이용해서 예측 불가능한 난수표를 만들고, **양자 키 분배**Quantum Key Distribution, QKD를 이용해서 양자 암호키를 **BB84** 프로토콜(대각 필터를 이용해 중간자 난입 불가)을 통해 양자 채널로 전송합니다. 안전한 키를 받은 이후에는 일반 채널을 통해 TCP/IP 의 프로토콜을 이용해 기존처럼 암호화하여 통신하는 방식을 이용합니다.

국내에서는 SKT의 세종시 상용망에 양자 암호 통신, KT가 KIST와의 공동 개발을 통한 자사 상용망의 시범 적용 사례 등이 있는데, 아직 시작 단계입니다. 해외로 넓혀 보면, 중국에서는 가장 빠른 QRNG 기기 개발, 미국에서는 국방성 연구기관에서 양자 암호 통신망 10개 QKD 운영 등과 같이 활발히 연구되고 있습니다.

| Tip | **양자 채널의 길이가 길어지면 어떻게 될까요?** |

양자 채널 역시 구간이 길어지면 신호의 세기가 줄어들게 됩니다. 따라서 장거리 통신 시에는 중계기(Repeater)를 이용해 신호를 증폭시켜야 합니다.

영화 〈이미테이션 게임(The Imitation Game)〉(2014)

2014년에 개봉한 영화 〈이미테이션 게임〉은 보안을 이야기하는 대표적인 영화 중의 하나입니다. 3초에 1명의 사람이 죽는 인류 최악의 위기를 만들어 낸 제2차 세계대전 당시, 히틀러가 이끄는 나치군이 만든 절대 해독이 불가능한 암호 '에니그마'로인해 연합군은 속수무책으로 당하게 됩니다. 이에 따라 연합군은 각 분야의 수재를모아 기밀 프로젝트 암호 해독팀을 가동하게 됩니다.

그중 천재 수학자이자 엄청난 괴짜인 앨런 튜링(Alan Mathison Turing, 1912 ~ 1954)은 암호 해독을 위한 특별한 기계를 발명하지만, 24시간마다 바뀌는 완벽한암호 체계로 인해 매번 복호화 시간이 너무 늦어 좌절하게 됩니다. 그러던 중 반복되는 키워드에 영감을 받아 일기예보나 '하일 히틀러Heil Hitler'라는 경례 구호를 통해나치군이 반복적으로 사용하는 패턴을 대입하여 난공불락으로 보였던 에니그마 암호를 풀 수 있었습니다.

덕분에 영국은 U보트 공격으로 위태로운 상황에 놓인 수많은 수송선을 구할수 있었고, 반대로 나치군은 승승장구하던 U보트 격침률이 급감하며, 결국 제해권(바다를 지배하는 군사력)을 빼앗기는결과로 이어지게 되었습니다.

이와 같이 암호와 같은 보안은 한 나라의국운을 변화시킬 정도의 엄청난 위력을 지니고 있습니다.

접근 통제

지정된 사용자에 대한 접근을 허가하는 권한 통제에 대한 이론(모델, 정책)과 실제 시스템 구현(윈도우, 리눅스) 사례에 대해서 알아보겠습니다.

- 접근 통제 Access Control
- MAC Mandatory Access Control
- DAC Discretionary Access Control
- RBAC Role Based Access Control
- 벨–라파듈라 & 비바 Bell-Lapadula & Biba
- 리눅스 PAM & 윈도우 SAM Linux PAM & Windows SAM
- TCP 래퍼 TCP Wrapper

#021 접근 통제
Access Control

한 줄 요 약 주체가 객체에 접근 시 이용하는 절차 및 메커니즘

우리 회사의 내년도 제품 라인업은 누구나 봐도 되는 데이터일까요? 아닐 겁니다. 만일 그 데이터가 외부에 공개된다면 기업의 이미지에 심각한 손상을 끼칠 수 있습니다. 나아가, 경쟁사에 들어가게 되면 연구한 성과가 모두 사라질 수 있을 만큼 중요한 데이터일 것입니다.

그러면 이러한 데이터들은 어떻게 관리해야 할까요? 바로, 사용자(주체)의 신원을 식별/인증하여 대상 정보(객체)의 접근, 사용 수준을 인가Authorization하는 절차인 **접근 통제**Access Control를 통해서 관리해야 할 것입니다.

접근 통제는 세 가지의 **요소**로 분류됩니다.

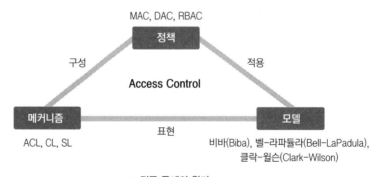

▲ 접근 통제의 원리

자원에 접근하는 제한 조건을 정의하는 **정책**Policy, 시스템 보안 요구를 간결하게 표현한 **모델**Model, 그리고 요청을 규칙에 대응시켜 검사 및 제한하는 **메커니즘**Mechanism까지 이 세 가지 요소를 이용해 접근 통제를 구성합니다.

메커니즘은 실제 접근 제어를 수행하기 위한 구성 요소로서, 객체 기준으로 허가받은 대상인 ACL Access Control List, 주체 기준으로 허가받은 접근 가능 권한인 CL Capability List, 객체에 부여된 보안 속성 집합인 SL Security Label로 구성됩니다.

ACL(Access Control List)

CL(Capability List)	파일 A	파일 B	파일 C
사용자 A	소유/읽기/쓰기	읽기	쓰기
사용자 B	읽기/쓰기	소유/읽기/쓰기	읽기
사용자 C	읽기	쓰기	소유/읽기/쓰기

SL(Security Label)

▲ 접근 통제의 메커니즘

접근 통제를 할 때는 **원칙**을 지켜서 **정책**과 **모델**을 구현해야 합니다. **원칙**은 다음과 같습니다.

1. **최소 권한 부여**: 업무 수행 시 꼭 필요한 권한만 부여합니다.
2. **최대 권한의 정책**: 데이터 공유의 장점으로 가용성을 관리합니다.
3. **직무 분리의 원칙**: 보안, 감사, 관리 등 직무의 권한을 분리합니다.

참고로, 접근 통제 정책은 이어서 소개할 MAC, DAC, RBAC로 분류됩니다.

#022 MAC
Mandatory Access Control

한 줄 요 약   극비, 비밀, 미분류로 구분하는 접근 권한 관리 정책

군대를 예로 들겠습니다. 군대에서는 모든 직급이 똑같은 접근 권한을 가질까요? 직급이 제일 낮은 이등병 병사가 그 부대의 전체 경비 계획과 같은 **핵심 비밀 = 극비**Top Secret 사항을 알 수 있을까요? 부대의 책임자인 장군과 일반 병사는 정보에 접근할 수 있는 수준이 분명히 다를 겁니다.

이처럼 **객체**Object 에 보안 등급을 부여하고 **주체**Subject 에게 인가 등급을 부여하는 MAC Mandatory Access Control 과 같은 보안 정책을 통해서 정보를 관리할 것입니다.

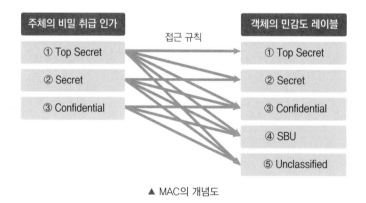

▲ MAC의 개념도

주체와 객체에 부과된 보안 레이블 기반으로 접근 통제를 수행하며, **관리자**만이 정보 자원 분류 설정을 할 수 있습니다.

▲ MAC의 동작 원리

동작 원리는 다음과 같습니다. 상위 등급의 주체는 하위 등급의 객체에 Read가 가능하고, 하위 등급의 주체는 상위 등급의 객체에 Write가 가능합니다. 그 반대의 경우는 제한합니다.

앞에 언급한 내용처럼 장군은 일반 병사의 정보를 볼 수 있지만, 일반 병사는 장군이 접근 가능한 정보에 접근이 불가한 것과 같습니다.

사전에 정의된 규칙에 따라서 구성되는 1. **규칙 기반 방식**과 관리자의 행위 기반인 2. **관계 기반 방식**이 존재합니다.

1. **규칙 기반 방식**: 자동화된 강제적 시행 정책을 따르는 MLP Multi Level Policy 방식과 타깃 집합이 다른 타깃들과 분리된 이름의 범주를 가지는 CBP Component Based Policy 방식이 존재합니다.
2. **관계 기반 방식**: 객체에 접근할 수 있는 시스템 관리자가 직접 통제하는 방식으로 이용합니다.

실제로 가장 많이 사용되는 권한 제어 방식은 무엇일까요?

#023 DAC

Discretionary Access Control

한 줄 요 약 객체의 소유자가 접근 여부를 결정하는 접근 정책

가장 쉬운 예를 들겠습니다. 제가 산 재미있는 책이 있습니다. 이런 재미있는 책을 누구에게 빌려줄지를 누가 결정할 수 있을까요? 이 예의 답은 '바로 나'입니다.

본인의 제작/소유/구매 등을 통해 소유한 자산에 대해서는 본인이 권한을 부여하여 타인의 접근을 관리하겠다는 개념, 실생활에서 많이 사용되는 개념이죠. 물론, 회사에서도 이러한 개념이 많이 사용됩니다.

보고서를 열심히 만들었습니다. 이 보고서는 매우 중요한 차별화 요소가 존재합니다. 그러면 이러한 보고서를 타인에게 보여줄지 말지를 누가 결정할 수 있을까요? 바로, 보고서를 만든 사람입니다.

이러한 개념으로 만든 접근 권한 관리 정책이 있습니다. DAC Discretionary Access Control 는 주체나 주체가 속해 있는 그룹의 신원(신분)에 근거하여 객체에 대한 접근을 제한하는 방법입니다.

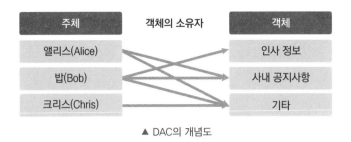

▲ DAC의 개념도

간단히 '내가 만들었으니까 빌려줄 사람은 내가 정할래!' 어린아이도 생각할 수 있는 가장 쉬운 접근 권한 방식일 것입니다.

이러한 쉬운 DAC도 권한을 부여하는 방식에 따라 나눠집니다. **유닉스**Unix 시스템과 같이 주체와 객체의 ID 기반 접근 통제를 수행하는 **신원 기반 방식**, 객체의 소유자가 접근 권한을 설정 및 변경을 수행하는 **사용자 기반 방식**, 신원 기반 접근 통제와 사용자 기반 접근 통제를 동시에 사용하는 **혼합 방식**으로 분류됩니다.

보통은 소유자의 ID/계정 그룹에 근거해 객체 접근을 제어합니다. 그러다 보니 컴퓨터 시스템, 특히 유닉스/리눅스에서 기본적인 권한 관리 방식으로 사용되고 있습니다.

▲ 유닉스/리눅스의 권한 관리

실제 주체(파일의 소유주)가 객체(파일)를 ID 기반으로 그룹과 다른 사람(그룹 미포함)으로 분류하여 권한을 관리하는 방식입니다.

#024 RBAC

Role Based Access Control

한 줄 요 약 · 조직 내에서 개인의 역할(또는 직무/직책)에 따라 결정하여 부여하는 접근 정책

일반 회사에서는 DAC를 가장 많이 사용할까요? 시스템적으로는 개별 사용자별로 관리하는 방법도 많이 사용하겠지만, 문제가 없을까요?

보안 등급 설정을 자료마다 개별 설정으로 잘할 수 있을까요? (MAC 방식) 접근 권한의 소유주가 효율적으로 권한 관리하는 게 가능할까요? (DAC 방식)

개별 권한 제어에 대한 한계점이 존재하면서 접근 권한에 대한 효율화 및 확실한 등급 기준이 필요해졌습니다. 바로, **RBAC**입니다. **RBAC** Role Based Access Control 는 중앙관리자가 주체(사용자)와 객체(자료)의 상호관계를 통제하며, 조직 내에서 맡은 **역할** Role 에 기초하여 자원에 대한 접근 허용 여부를 결정하는 방법입니다.

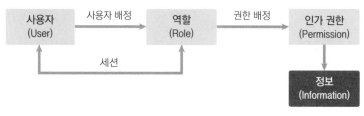

▲ RBAC의 개념도

즉, **사용자별**로 **지정된 역할**에 따라 부여된 **권한**을 이용하여 정보에 접근하여 이용하는 방법입니다. 회사에서 일하면서 제일 많이 듣는 말 중 한 가지가 **R&R**Role and Responsibility 입니다. 간단히 말해 '누구의 **일**이고 **책임**인가'입니다. 보통, 업무 영역을 가지고 많이 다투기도 하고 하소연도 빈번하게 발생하는 것으로 알고 있습니다. 그렇다면 영역이 명확하게 나뉘어 있다면 어떨까요?

예를 들어, 회사에 A라는 네트워크 관리자가 퇴사했다면 A의 기존 업무 영역을 이어받을 B라는 직원은 어떻게 권한을 받을 수 있을까요? **MAC**이라면 같은 등급을 부여해서 처리하겠지만, 자료에 대한 권한 관리가 명확하지 않을 수 있습니다. **DAC**라면 가지고 있는 모든 자산/파일에 대한 권한을 다시 설정해서 신규 직원에게 부여해야 할 것입니다. 하지만 **RBAC**라면 간단하게 B에게 A의 권한 역할(네트워크 관리자)을 배정합니다.

회사에서는 다양한 역할이 존재합니다. 그래서 인사팀에서는 **JD**Job Description 라고 하는, 직무별로 기대하는 역할을 기술하여 직무를 관리합니다. 그렇게 나눠진 역할마다 권한 세트를 넣어서 연결시켜 놓는다면 인원이 변경되어도 손쉽게 권한을 변경할 수 있겠죠.

이렇게 유용한 RBAC에서도 효율적 권한 관리를 위해서 다음의 **원칙**을 수립하여 관리합니다.

1. **최소 권한 원칙**Least Privilege : 사용상 최소한의 권한을 부여합니다.
2. **직무 분리**Separation of Duty : 서로간의 역할 분리 이후, 강제 휴가 등의 조치를 통해 상호 감시적인 역할을 수행합니다.
3. **데이터 추상화**Data Abstraction : 역할에 따라 이해 가능한 명령어로 추상화시킵니다. (Read/Write/Execute → 입금/출금/이체)

#025 벨-라파듈라 & 비바

Bell-Lapadula & Biba

벨-라파듈라: 다단계 레벨의 기밀성 제공을 위한 접근 통제 모델

비바: 데이터의 무결성 보장을 위한 상업용 접근 통제 모델

앞에서 **정책**을 통해 실제 조건을 정의했다면, 실제로는 어떤 **모델**을 통해 만들 수 있을까요? 바로 각 시스템의 **요구사항**에 대해 실질적 명시를 통해 주요 목표를 지키도록 만듭니다.

대표적인 모델인 **벨-라파듈라** Bell-Lapadula, BLP 는 정부 및 군용 응용 시스템의 접근 제어를 보장하기 위해 제안되었고, 수학적 모델을 사용한 유한 상태 머신에 근간한 모델입니다.

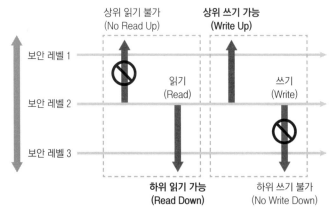

▲ BLP의 동작 원리

기밀성을 지키는 모델로서, 군대에서 장군은 거의 모든 데이터를 읽을 수 있지만, 장군이 만드는 데이터는 중요한 데이터이므로 일반 병사가 읽을 수 있는 영역에 넣지 못하게 하는 No Write Down이 핵심입니다.

그러면 반대로 상업적으로 생각해 보겠습니다. 상업적 접근 제어인 **비바**Biba는 낮은 비밀 등급에서 높은 비밀 등급으로 쓰지 못하도록 합니다. 그래서 높은 수준의 데이터가 낮은 수준의 데이터와 합쳐져 무결성이 오염되는 것을 방지하는 모델입니다.

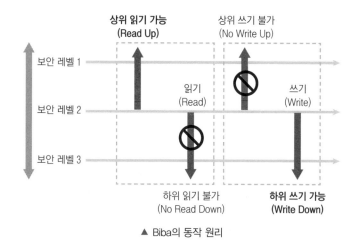

▲ Biba의 동작 원리

벨–라파듈라 모델과는 반대의 원리를 가지는 형태로서, **무결성을 지키는 모델**입니다.

만약 회사의 임원진이 매번 전 직원의 의견 데이터를 모두 모아서 중요한 의사결정을 수행한다고 합시다. 이때 경쟁사에서 산업스파이를 침투시켜 잘못된 의견을 추가하면 어떻게 될까요? 거짓 데이터로 인해 의사결정이 엉망이 될 것입니다. 그러면 이를 해결하려면 어떻게 해야 할까요?

중요한 데이터 영역은 권한이 있는 사람만 작업해서 공유하도록 하는 방식이 필요합니다. 대표적인 사례로서는 **공지사항**이 있습니다. 공지사항은 지정된 **관리자**만이 주요 내용을 전달하는 방식입니다.

#026 리눅스 PAM & 윈도우 SAM

Linux Pluggable Authentication Modules & Windows Security
Account Manager

 리눅스 PAM: 리눅스 환경에서 동적 모듈로 제공되는 인증 모듈

윈도우 SAM: 윈도우 비밀번호를 저장하는 데이터베이스 파일

지금까지 이론적인 접근 통제를 알아봤다면, **OS 레벨**에서 직접 구현한 **인증 기반의 접근 통제 사례**에 대해서 알아보겠습니다.

리눅스 시스템에 대해서 먼저 알아보겠습니다. **리눅스 PAM**Pluggable Authentication Modules은 리눅스 또는 GNU/FreeBSD 시스템에서 애플리케이션과 서비스에 대한 별도의 인증을 직접 구현하지 않고 **동적으로 제공하는 모듈**을 말합니다. 즉, OS의 인증 도구를 이용하여 다른 애플리케이션에게 인증을 제공하는 방식입니다.

```
# cat /etc/pam.d/login
#%PAM-1.0
auth       [user_unknown=ignore success=ok ignore=ignore default=bad] pam_securetty.so
auth       include      system-auth
account    required     pam_nologin.so
account    include      system-auth
password   include      system-auth
# pam_selinux.so close should be the first session rule
session    required     pam_selinux.so close
session    required     pam_loginuid.so
session    optional     pam_console.so
# pam_selinux.so open should only be followed by sessions to be executed in the user context
session    required     pam_selinux.so open
session    required     pam_namespace.so
session    optional     pam_keyinit.so force revoke
session    include      system-auth
-session   optional     pam_ck_connector.so
```

▲ 리눅스 PAM의 구성 방식

PAM은 /etc/pam.d/login 파일로 표시되며, 어떤 타입의 인증을 수행할 것인지 (Type), 무엇을 해야 할지(Control), PAM에게 경로를 제공할 위치(Module Path), 인수(Module Arguments)로 구성됩니다.

그렇다면 **윈도우** 시스템은 어떨까요? **윈도우 SAM**Security Account Manager은 사용자의 로컬 또는 원격 인증 용도로 사용되며, 금지된 사용자가 시스템에 대한 접근을 획득하는 것을 막기 위해 암호화를 이용하는 방식을 말합니다.

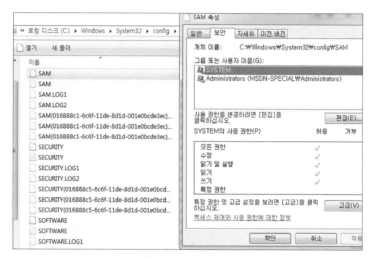

▲ 윈도우 SAM의 구성 방식

사용자의 비밀번호를 NTLM 형태의 **해시**Hash 포맷으로 저장하며, **%SystemRoot%/ system32/config/SAM**에 위치합니다. 모든 계정의 비밀번호는 **키**(SYSKEY)를 이용해 암호화를 수행합니다. 또한, 실제 네트워크 인증인 **AD**Active Directory와 연동 인증이 가 능합니다.

#027 TCP 래퍼

TCP Wrapper

한 줄 요 약 리눅스의 서비스 포트별 프로토콜 접근 제어 구현 모듈

인증을 통한 접근 통제의 사례 외에도 일반적인 사례로 **네트워크를 통한 접근 통제**가 존재합니다. 가장 많이 사용되는 방식 중 하나가 리눅스 시스템에서 사용하는 TCP **래퍼**입니다.

TCP 래퍼TCP Wrapper는 호스트 기반 네트워킹 접근 통제 시스템으로서, 리눅스나 BSD 같은 운영체제의 인터넷 프로토콜 서버에서 네트워크 접근을 **필터링**Filtering하기 위해 사용하는 접근 제어 구현 모듈입니다.

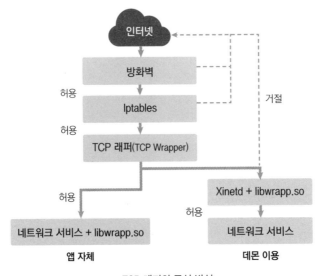

▲ TCP 래퍼의 구성 방식

사용할 서비스를 **화이트리스트**와 **블랙리스트**로 구분하여 관리합니다. 방화벽의 대표자인 Firewall(◉ #028)과 Iptables(◉ #031) 이후에 애플리케이션에 대한 접근을 직접적으로 통제합니다.

TCP 래퍼의 절차로는 ① **xinet.d 서비스**(리눅스에서 서비스를 올려 주는 주체/데몬)를 구동합니다. ② **/etc/hosts.allow**를 확인하여 일치하면 연결을 허용합니다. ③ **/etc/hosts.deny**를 확인하여 일치하면 연결을 거부합니다. ④ 위의 두 파일과 일치하는 규칙이 없다면 연결을 허용하는 방식입니다. 이러한 방식으로 운용됨에 따라 hosts.deny 파일 마지막에 ALL : ALL이 없다면 일부는 허용도 차단도 명시적으로 하지 않아 허용이 되도 모르는 문제가 존재합니다.

TCP 래퍼의 예를 보겠습니다.

Hosts.deny	Hosts.allow	설명
ALL : ALL	ALL : 192.168.1.1	• 192.168.1.1에 모두 허용
ALL : ALL	in.telnetd : 192.168.1.2 in.ftpd : 192.168.1.3	• 192.168.1.2에 텔넷만 허용 • 192.168.1.3에 FTP만 허용
ALL : ALL	ln.ftpd : google.co.kr	• google.co.kr 도메인의 모든 호스트는 FTP 서비스 가능

예와 같이 기본적인 차단 규칙인 **모두 차단**All Deny을 통해 차단하고 이후에 허용되는 애플리케이션과 사용자의 접근을 통제하는 **화이트리스트** 방식이 실제 구성에서는 좀더 보안이 강화된 차단 방식입니다.

Tip **화이트리스트와 블랙리스트란?**

- **화이트리스트**: 허용할 IP만 지정하고 이외에 전부 차단(보안성 측면)
- **블랙리스트**: 차단할 IP만 지정하고 이외에 전부 허용(가용성 측면)

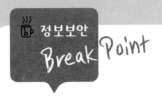

클라우드 시대, Azure와 AWS의 권한 관리

① Azure

마이크로소프트에서 만든 클라우드 시스템 Azure는 윈도우 시스템을 클라우드화시킬 때 효율적으로 사용할 수 있는 대표적인 클라우드 서비스입니다. 이러한 Azure에서는 접근 권한을 어떻게 통제할까요?

바로 Azure Active Directory(AD) Identity Governance를 이용해서 적절한 프로세스 및 가시성을 가질 수 있도록 관리합니다. 실제 윈도우의 대표적인 계정 관리 시스템인 AD의 클라우드 버전으로서, 가용성을 보장받으면서도 실시간으로 사용자를 관리할 수 있습니다.

② AWS(Amazon Web Service)

아마존에서 만든 마켓 점유율 세계 1위의 클라우드 시스템인 AWS는 다양한 기능을 통해 유연한 형태의 클라우드 서비스를 제공합니다. 이러한 AWS에서는 어떻게 접근 권한 관리를 수행할까요? 바로 AWS IAMIdentity and Access Management을 통해서 접근하는 계정에 대한 프로비저닝 및 역할을 부여합니다.

이를 통해 역할별 기능을 설정하고 사용자별 할당을 통해 실시간 부여 및 관리를 할 수 있습니다. 앞으로 배울 보안 솔루션 IAM(● #055)을 클라우드에서 구현한 방식이라고 생각하시면 됩니다.

보안 솔루션

주요 내용

다양한 위협으로부터 자산을 지키는 보안 솔루션에 대한 기본 원리와 목적에 대해서 알아보겠습니다.

- 외부 공격 방어 측면
  (방화벽, 웹 방화벽, 차세대 방화벽, Iptables, DPI, IPS, WIPS 등)
- 내부 유출 방지 측면
  (DB 암호화, DLP, DRM, 보안 USB, EMM 등)
- 사용자 인증 측면
  (NAC, HSM, AAA, RADIUS & DIAMETER, Kerberos, SSO, EAM 등)

#028 방화벽

Firewall, F/W

한 줄 요 약 외부/내부 네트워크를 분리하고 침입/접근을 차단하는 보안 시스템

여러분들은 보안 솔루션에 대해서 들어 보셨나요? 기본적으로 '**보안은 솔루션이다**'라고 말하는 분들도 많습니다. 그만큼 보안의 수준은 보안 솔루션들의 연계를 얼마나 효율적으로 하는가에 따라서 달라진다고 볼 수 있습니다. 그러한 보안 솔루션의 대표 주자가 바로 **방화벽**입니다.

방화벽Firewall, F/W은 외부로부터의 불법 침입과 내부의 불법 정보 유출을 방지하고, 내/외부 네트워크N/W의 상호 간 영향을 차단하기 위한 보안 시스템을 말합니다.

▲ 방화벽의 개념도

기본적으로 외부의 인터넷Internet과 내부의 사설망Intranet을 구분하는 관문 역할을 하며, 주로 다음과 같은 기능을 수행합니다.

1. **접근 제어**: 송/수신자의 IP 주소, 프로토콜(TCP, UDP), 서비스 포트 번호로 패킷을 필터링합니다.
2. **사용자 인증**: 트래픽에 대한 사용자의 신분을 증명합니다.
3. **감사 및 로그**: 트래픽에 대한 접속 정보/작업 내역을 기록합니다.
4. **프락시 기능**: 네트워크 IP 주소를 대체하며, 실제 IP 주소를 인터넷상에서 효과적으로 숨깁니다.
5. **네트워크 주소 변환**_{Network Address Translation, NAT}: 내부(사설 주소)와 외부(공인 주소)의 주소 변환을 수행합니다.

구축 유형으로는 네트워크 라인에 직접 연결_{In-Line}하는 형태의 **네트워크 방식**인 스크리닝 라우터_{Screening Router}, 배스천 호스트_{Bastion Host}가 있으며, 이러한 네트워크 구성만이 아닌 별도의 관문 역할도 수행하는 **게이트웨이 방식**인 이중 홈 게이트웨이_{Dual-Homed Gateway}, 스크린된 호스트 게이트웨이_{Screened Host Gateway}, 스크린된 서브넷 게이트웨이_{Screened Subnet Gateway} 형태로 구분됩니다.

그러나 가장 기본적인 방화벽에도 침입자에 대한 알람 미수행, 내부자 보안 침해 문제, 바이러스 공격 등과 같은 다양한 한계가 존재합니다. 그에 따라 진화된 형태인 **차세대 방화벽**_{Next Generation Firewall, NGFW}(◐ #030), **침입 방지 시스템**_{Intrusion Prevention System, IPS}(◐ #033)과 연계 및 변화되고 있습니다.

여러 문제점이 있어서 다른 보안 솔루션을 통해 대체되고 있지만, 여전히 보안에서 가장 먼저 필요한 솔루션으로 방화벽이 제일 많이 사용되고 있는 것은 누구도 부정할 수 없는 사실입니다.

#029 웹 방화벽

Web Application Firewall, WAF

한 줄 요 약　웹 취약점을 이용한 해킹 공격(SQL 인젝션, XSS) 등을 차단하는 애플리케이션 방화벽

방화벽은 IP 주소와 포트를 기반으로 차단하는 솔루션입니다. 그러면 패킷의 실제 데이터와 애플리케이션 프로토콜 기반의 공격을 막아줄 솔루션은 어떤 것이 있을까요? 바로, 웹에 특화된 **웹 방화벽**입니다.

웹 방화벽 Web Application Firewall, WAF 은 웹서버로 들어오는 **웹 트래픽**을 검사하여 악의적인 코드나 공격 유형이 포함된 웹 트래픽을 차단해 주는 방화벽을 말합니다.

기존의 방화벽과는 다르게 **패킷**Packet**의 페이로드**(Payload, 내용)를 직접 확인하여 웹의 다양한 공격을 차단할 수 있습니다. 주로 **사용자의 요청**에 대해서 검사하는 방식으로서 애플리케이션의 접근 제어 및 권한을 탈취하기 위한 **버퍼 오버플로우**Buffer OverFlow, BOF, 얻을 수 없는 데이터의 조회를 수행하는 **SQL 인젝션**(◎ #073), 스크립트 수행을 통해 정보를 유출하는 **XSS**(◎ #072)까지 다양한 방식의 공격을 검사하여 차단합니다. 또한, 외부에 유출될 수 있는 신용카드 정보, 주민등록번호, 핸드폰 번호 등과 같은 **개인정보**도 검출하여 차단할 수 있습니다.

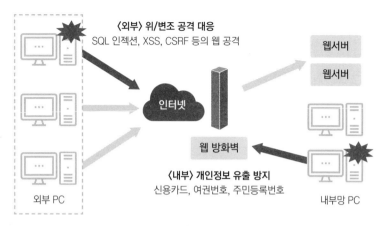

▲ 웹 방화벽의 개념도

웹 방화벽이 기존의 방화벽에 비해 많이 호평받는 이유 중 하나가 바로 **웹에 최적화**되어 있는 영역 때문입니다. HTTPS를 통해 암호화된 **웹 트래픽**은 방화벽에서는 보이지 않는 형태로 전달됩니다. 이로 인해 일상 트래픽만이 아니라 공격들도 전혀 탐지하지 못합니다. 그러나 웹 방화벽에서는 **SSL 복호화**SSL Offloading(● #042)를 통해서 암호화된 트래픽도 해독하여 웹에 공격이 존재하는지를 확인할 수 있습니다. **방화벽과 비교**하면 다음과 같은 차이가 있습니다.

구분	비교 항목	방화벽	웹 방화벽
탐지 영역	네트워크(OSI Layer 3 ~ Layer 4)	O	X
	애플리케이션(OSI Layer 7)	X	O
보호 대상	로컬 클라이언트	O	X
	웹서버(공개/애플리케이션)	X	O

공격 외의 애플리케이션은 어떻게 식별하고 관리할 수 있을까요?

#030 차세대 방화벽
Next Generation Firewall, NGFW

한 줄 요 약 | 기존 방화벽 + 애플리케이션 기능 검사 + 지능화 차단이 가능한 보안 솔루션

기존 방화벽과 웹 방화벽은 기능상 아쉬운 점이 존재합니다. 웹 방화벽은 애플리케이션의 공격을 막을 수 있지만 기능의 허용/차단이 불가능하며, 방화벽은 서비스 레벨로 기능의 허용/차단은 가능하지만 애플리케이션 레벨의 식별이 불가능하다는 한계점이 존재하였습니다.

그러면 이 두 솔루션의 장점을 합치면 어떨까요? 이러한 개념으로 만들어진 솔루션이 바로 **차세대 방화벽**입니다.

차세대 방화벽 Next Generation FireWall, NGFW은 포트, 프로토콜을 검사하는 기존 방화벽뿐만 아니라 애플리케이션 레벨의 검사를 하고, 침입을 차단하는 앱 레벨의 개별 관리가 가능한 보안 솔루션입니다.

▲ NGFW의 변천도

최초의 **패킷 필터링 방화벽**에서 세션을 인식하는 **스테이트풀**Stateful 방화벽으로 진화하였고, 이후 2000년대부터는 통합 장비인 **UTM**(❍ #035)과 웹 용도인 **WAF**(❍ #029)로 용도별 방화벽으로 진화하면서 차세대 방화벽으로 발전하였습니다.

차세대 방화벽의 **주요 기능**은 다음과 같습니다.

1. **애플리케이션 식별 및 제어**: 애플리케이션과 사용자를 인식하고 콘텐츠와 성능에 대한 가시성을 확보할 수 있습니다.
2. **실시간 SSL 세션 해독**: 인증된 사용자가 SSL을 통해 암호화된 트래픽을 사용할 때나 신뢰할 수 없는 인증서 사용 여부를 탐지/제어할 수 있습니다.
3. **고성능 보안 기능 수행**: IPS, UTM의 성능 지연의 이슈를 해결합니다.
4. **알려지지 않은 위협 대응**: 샌드박스Sandbox 등을 통해 별도의 공간에서 분리하여 실행을 통한 위협에 대응합니다.
5. **URL 필터링**: 트래픽 분석을 통해 악성 URL 접근을 방지합니다.
6. **기존 보안 기술 제공**: 안티바이러스(❍ #068), IPS(❍ #033), VPN(❍ #039) 등과 같이 다양한 기능을 결합하여 기본적인 방화벽 기능과 함께 제공합니다.

▲ NGFW의 애플리케이션 기능

#031 Iptables

Iptables

리눅스에서 구현된 추적, 로깅이 가능한 오픈소스 방화벽

국내/외에는 다양한 상용 방화벽이 있습니다. 기업들은 거액의 비용을 들여 CC 인증 Common Criteria(● #105)을 받은 실제 어플라이언스Appliance 형태(전문적인 전용 장비로 구현)나 소프트웨어 형태로 된 다양한 방화벽을 이용하고 있습니다. 그러면 중소기업이나 학생들이 직접 설정해서 이용할 수 있는, 비용이 들지 않는 방화벽은 없을까요? 물론, 존재합니다. 바로, **Iptables**입니다.

Iptables는 리눅스에서 설정 가능한 커널(Kernel, OS의 주요 기능을 수행하는 모듈)에서의 넷필터Netfilter 패킷 **필터링**Filtering 기능을 사용자 공간에서 제어하는 오픈소스 형태의 방화벽을 말합니다. 간단하게 말하면, 리눅스 OS의 기능을 이용해 패킷을 확인하여 차단하는 것입니다.

```
[root@localhost    ]# iptables -nL --line-numbers
Chain INPUT (policy ACCEPT)
num  target     prot opt source            destination
1    DROP       all  --  192.168.56.250    0.0.0.0/0
2    DROP       all  --  192.168.56.251    0.0.0.0/0
3    DROP       all  --  192.168.56.252    0.0.0.0/0
```

▲ Iptables의 구조

Iptables의 명령어 구조는 다음과 같습니다.

#iptables [−t table] [action] [chain] [match] [−j target]

옵션	유형	설명
Table	filter	기본 테이블로 방화벽 관련 작업 수행
	nat	새로운 연결을 생성하는 패킷 참조
	mangle	TTI, ToS 변경 같은 특수 규칙 적용
	raw	연결 추적 기능을 자세히 설정, 제외
Action	−N	새로운 사용자 정의 Chain 생성
	−X	비어 있는 Chain 제거
	−P	Chain의 기본 정책 설정
	−L	현재 Chain의 규칙 나열
	−F	Chain으로부터 규칙 제거
	−A	Chain에 새로운 규칙 추가
	−I, −R, −D	I(첫 줄 삽입), R(규칙 교환), D(규칙 제거)
Chain	INPUT	호스트 컴퓨터로 향하는 모든 패킷
	FORWARD	라우팅되는 로컬이 아닌 모든 패킷
	OUTPUT	호스트 컴퓨터에서 상대에 보내는 패킷
Match	−s, −d	출발지/도착지 IP 주소/네트워크와 매칭
	−p	특정 프로토콜과 매칭(tcp ㅣ udp 등)
	−i, −o	i(입력 인터페이스), o(출력 인터페이스)
	!	NOT의 의미로 사용, 특정 매칭 제외
Target	ACCEPT	패킷 허가, 본래 라우팅대로 처리
	DROP	패킷 거부, 무조건 버림
	LOG	패킷을 시스로그(syslog)에 전달하여 기록
	REJECT	패킷을 버리고 적절한 응답 전달

사용하는 룰 테이블인 Table, 규칙을 추가 삭제 관리하는 Action, 실제 방향성을 표시하는 Chain, 조건인 Match, 실제 패킷 처리 기준인 Target을 통해서 실제 방화벽 룰을 관리합니다.

기본적인 방화벽과 같이 상위 번호(num 1)부터 수행하여 처리합니다.

#032 DPI

Deep Packet Inspection

한 줄 요 약 네트워크에서 짧은 시간에 다양한 패킷의 콘텐츠 심층 부분을 검사할 수 있는 기술

지금까지는 네트워크 보안 솔루션의 기본인 방화벽에 대해서 알아보았습니다. 그러면 방화벽으로 내/외부를 구별해서 보호해야 할 자산을 나눴다면 이후에 어떤 방식을 통해서 자산을 보호해야 할까요? 패킷의 애플리케이션 레벨의 분석인 **DPI** 방식을 통한 보호가 필요합니다.

DPI Deep Packet Inspection 는 OSI 7 Layer(네트워크 표준) 전 계층의 모든 프로토콜과 패킷 내부의 콘텐츠를 파악하여 해킹이나 침입 시도를 탐지하고 트래픽을 조정하기 위한 패킷 분석 기술을 말합니다.

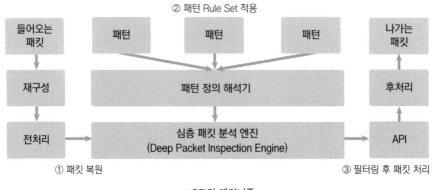

▲ DPI의 메커니즘

네트워크를 통해 들어오는 패킷이 분할되어 있으면 복원을 수행합니다. 그리고서 애플리케이션의 패턴에 맞는 규칙 검토를 통해 필터링한 후 안전한 패킷만 전달합니다.

IPS의 대표적인 기술이자 방화벽과 차별화되는 기술입니다. DPI를 구성하는 **주요 기술**은 다음과 같습니다.

1. **패킷 재조합**: 패킷을 다시 조합하여 애플리케이션 데이터를 만드는 기술입니다. (**예** IP 조각모음, TCP 재조립, 세션 분석)

2. **트래픽 제어**: 패킷의 트래픽 내용을 확인하여 패킷을 전달하는 기술입니다. (**예** 스위치 회로Switch Fabric, 멀티-버스, 차단 기능)

3. **패턴 매칭**: 악성 패턴을 찾아서 악성 행위를 탐지하는 기술입니다. (**예** 오토마톤, 휴리스틱, 필터링)

4. **하드웨어 성능**: 기존의 소프트웨어의 성능 이상을 수행하기 위한 하드웨어 기반의 구현 기술입니다. (**예** FPGA, ASIC, NPU)

패킷 내부의 콘텐츠인 상세 내용Payload을 통해 악성 행위를 탐지하고 실제 안전한 패킷만 내부 전달이 가능합니다.

그러나 유용하고 네트워크상에 필수적인 기술이긴 하지만, 감청/검열과 같은 **개인정보보호** 측면의 이슈와 미동의 광고 및 유저 제어 등과 같은 **망 중립성** 측면의 이슈가 존재합니다. 따라서 국제 표준 기구에 따라 표준화를 수행해야 하며, 개인정보보호와 망 중립성(망 내의 서비스 패킷을 차별하지 않는 정책)을 유지하기 위해서 투명한 법/제도의 확립이 필요합니다.

다음으로, 이러한 DPI 기술을 이용한 상용화된 제품인 IPS에 관해 알아보겠습니다.

#033 침입 방지 시스템
Intrusion Prevention System, IPS

한 줄 요 약 실시간 침입 탐지와 방어가 가능한 보안 솔루션

방화벽을 통과하여 열려 있는 서비스를 이용하기 위해, 유입되는 정상 서비스와 비정상 서비스를 구분하려면 어떻게 해야 할까요? 이때는 상세 패킷을 볼 수 있도록 DPI 기술로 제작된 **IPS**를 이용하면 됩니다.

IPSIntrusion Prevention System는 비인가된 사용자가 자원의 무결성Integrity, 기밀성Confidentiality, 가용성Availability을 저해하는 일련의 행동과 보안 정책을 위반하는 행위Intrusion를 실시간 탐지/차단하는 시스템입니다.

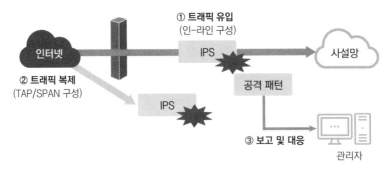

▲ IPS의 동작 원리

유입된 트래픽의 **직접 연결**(In-Line), **복제**(TAP/SPAN)를 통해 패킷을 읽어 악성 행위 여부를 확인하여 탐지/차단을 수행하여 보고합니다.

주요 기능으로는 광대역 통신망 패킷에 대한 **실시간 분석**, 침입 및 바이러스에 대해 상황별 **실시간 자동 대응**, 알려지지 않은 **미확인 공격 탐지**, 패킷 기반 탐지 이외에 **세션 행위 기반 탐지**를 수행합니다.

유형은 1. **데이터 수집 방식**과 2. **탐지하는 방식**으로 분류됩니다.

1. 데이터를 수집하는 방식에 따라 서버에 직접 설치되는 **호스트 방식**HIPS과 네트워크 구간에 설치되는 **네트워크 방식**NIPS으로 분류됩니다.
2. 탐지하는 방식에 따라 악성코드 패턴을 기반으로 탐지하는 **오용탐지**Misuse와 사용자의 행동 패턴을 통해 이상을 발견하는 **이상탐지**Anomaly로 분류됩니다.

현재는 많이 사용하지는 않지만, 능동적인 차단을 하는 IPS와는 달리 기존에는 탐지만을 수행하는 **IDS**Intrusion Detection System도 존재하였습니다. 간단히 IPS와 비교해서 알아보겠습니다.

비교	IDS	IPS
특징	선 탐지, 후 조치	동시 확인 & 조치
종류(목적)	NIDS/HIDS(탐지)	NIPS/HIPS(차단)
기능	탐지/분석/보고	IDS+차단
0-Day	사후탐지(탐지 어려움)	사전탐지(일부 가능)
장점	네트워크 무관	차단 가능
단점	제한 차단, 관리자 경고	네트워크 부하, 장애

위와 같은 비교만 봐도 알 수 있듯이, 시장에서는 점차 IDS보다는 능동적인 IPS로 변화하고 있어서 이제는 IDS 단독 시스템은 찾아보기 어려워졌습니다.

#034 무선 침입 방지 시스템

Wireless IPS, WIPS

한 줄 요 약 | 강한 신호 세기로 무선랜의 불법적인 접근을 막고 인가된 기기만 접근하는
시스템

기업의 외부와 연결된 유선 네트워크를 방어하기 위해 IPS를 이용했다면, 기업 내부
의 무선망을 보호하기 위해서는 무엇을 사용해서 보호할 수 있을까요? 이는 WIPS라
고 불리는 보안 장비를 통해서 가능합니다.

WIPS Wireless IPS 는 무선 네트워크 환경에서 외부의 침입으로부터 내부 시스템을 보호
할 수 있도록 특정 패턴을 기반으로 공격자의 침입을 탐지 및 방어하는 시스템을 말
합니다.

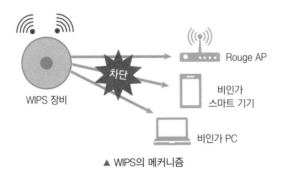

▲ WIPS의 메커니즘

WIPS의 메커니즘은 정말 단순하면서도 효과적인 방법을 이용합니다. 인가받지 않은 네트워크가 탐지되면 더 강한 신호를 내보내서 그 무선 네트워크를 끊어 버리는 식입니다. 실제로도 WIPS 구축 프로젝트에서는 해당 기업이 신호 차단 세기를 너무 강하게 적용하는 바람에 주위에 다른 기업의 무선망이 마비되는 경우가 종종 발생합니다. 신규 구축 시에 민원에 주의해야 할 것입니다.

무선 통신 용어를 이용해서 차단하는 **메커니즘**을 다시 설명해 보겠습니다.

1. **센서 데이터 수집**: 센서는 IEEE 802.11(무선 네트워크의 국제 표준)에 따라 사용되는 2.4GHz, 5GHz(무선의 네트워크 주파수)의 채널을 동시에 수집합니다.
2. **차단 신호 송부**: 무선 장비가 와이파이에 접속하기 위해서는 두 종류의 세션을 이용합니다. 차단 기능 수행 시 위장Spoofing하여 DeAuthentication(강제 인증 해제) 코드를 전송합니다.
3. **차단 처리**: 무선 장비와 와이파이 장비Access Point는 모두 정상적인 데이터로 인지하여 자체적으로 세션을 종료하도록 유도됩니다.

다음으로, **주요 기능**에 대해 알아보겠습니다.

1. **탐지 능력**: 위협 요소와 채널을 모니터링합니다.
2. **자동화된 사전 방어**: 네트워크에 가해지는 위협을 적극적으로 방어합니다.
3. **위협 요소 위치 표시**: 지도에 위협의 위치를 표시하여 전달합니다.
4. **Disable Rogue**: Rouge(비인가) 장비를 무력화시킵니다.

금융 분야는 전자금융 감독 규정에 따라 전산실에 WIPS 장비가 필수입니다.

#035 통합 위협 관리

Unified Threat Management, UTM

한 줄 요 약 방화벽, VPN, IPS, 안티 스팸 메일 등 다양한 보안 기능을 포함한 네트워크 보안 솔루션

중소기업이나 보안 담당자가 많지 않은 기업에서는 방화벽, IPS, DDoS, VPN, 스팸 메일 장비와 같은 보안 솔루션을 전부 구매해야 할까요? 그렇다면 구매 비용뿐만 아니라 인력 운용비도 상당한 부담이 될 것입니다. 혹시 올인원 형태의 네트워크 보안 장비를 도입하는 방법은 없을까요? 그러한 고민에서부터 탄생한 것이 **UTM**입니다.

UTMUnified Threat Management은 새로운 위협에 대처할 수 있도록 방화벽, 침입 차단 시스템, 안티바이러스 등 여러 보안 기능을 하나의 장비에 포함하는 네트워크 어플라이언스Appliance 형태의 보안 솔루션을 말합니다.

현재 방화벽이라고 불리는 장비들은 독립적인 방화벽보다는 **UTM** 형태가 훨씬 많을 겁니다. 시큐아이의 MF2, 안랩의 TrustGuard, 엑스게이트의 AXGATE, 포티넷의 ForiGate 등과 같은 많은 장비가 UTM 기능을 지닌 솔루션들입니다. 이들이 기술 보안 시장에서 가장 큰 매출을 올리고 있습니다.

기본적인 구성은 방화벽, IPS, VPN까지는 동일하나, 업체나 제품에 따라 다양한 기능을 구성합니다.

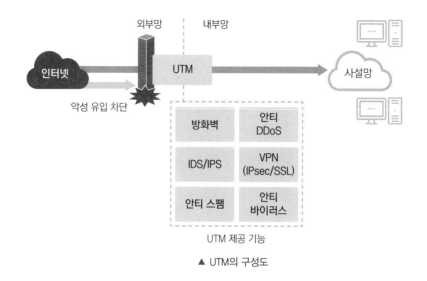

▲ UTM의 구성도

네트워크 보안 기능으로 **방화벽**Firewall, IDS/IPS가 존재하며, 암호화 기능으로 VPNVirtual Private Network과 콘텐츠 필터링 기능으로는 **유해 사이트 차단**Web Filter, **스팸 메일 차단**Anti-Spam, **백신**Anti-Virus, 통합 관리 기능으로는 **로그 관리** 등을 통합하여 서비스를 제공합니다.

물론, 전용 장비라고 불리는 각각의 개별 장비가 훨씬 성능이 좋고 다양한 관점의 방어가 가능하다는 것은 분명한 사실입니다. 그러나 UTM 제품은 이러한 각각의 제품을 도입하기 부담스러운 기업 입장에서는 전체적인 보안 수준을 높일 수 있는 최적의 장비로 사용될 수 있습니다.

성능상의 문제점은 필수 기능만을 이용하여 부하를 줄이거나, 상위 라인업의 장비 스케일 업Scale Up, 성능 높이기, 전용 장비 추가를 통해서 보강할 수 있습니다. 또한, 운영상의 전문성이 의심된다면 장비뿐만이 아니라 운용 서비스를 함께 구매하여 서비스 레벨을 관리를 통해서 전문 관제를 받을 수도 있습니다.

반대로, 큰 기업에서는 다양한 전용 장비를 어떻게 관리할까요?

#036 기업 보안 관리

Enterprise Security Management, ESM

한 줄 요 약 보안 솔루션의 각종 이벤트를 수집, 관리, 분석, 통보, 대응 및 보안 정책을 관리하는 시스템

앞에서 여러 보안 솔루션을 하나로 모으는, 중소기업을 위한 보안 솔루션을 살펴봤습니다. 그러면 반대로 보안 솔루션이 수십 개, 수백 개까지 존재하는 큰 기업들은 보안 솔루션을 어떻게 관리해야 할까요? 다양한 정보를 하나로 모아주는 ESM이 필요할 것입니다.

ESM Enterprise Security Management 은 기업 내의 각종 네트워크 보안 제품의 인터페이스를 표준화하여 중앙통합관리, 침입종합대응, 통합모니터링이 가능한 지능형 통합 보안 관리 시스템을 말합니다.

일반적으로 공격은 처음부터 하나의 취약점만을 찾아서 시도하지 않습니다. 다양한 관점에서 공격 가능성을 찾는 도중에 취약한 부분을 알게 되고 그 부분을 집중적으로 공격하는 경우가 대다수입니다.

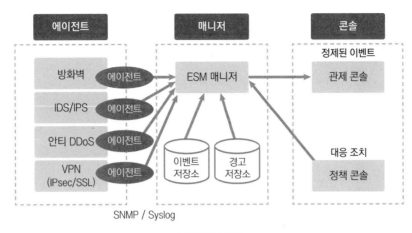

▲ ESM의 구성도

그러면 공격을 방어하는 입장은 어떨까요? 보안 솔루션의 다양한 이벤트를 받아 볼 수 있다면 공격자에 대한 가시화가 가능하지 않을까요? 그러한 보안 솔루션의 이벤트를 모아 보기 위해서 개발된 시스템이 바로 ESM입니다. 처음에는 네트워크 장비의 현황을 보기 위해서 개발되었으나, 점차 보안 이벤트의 중요성이 커짐에 따라 주요 보안 장비로 발전된 경우입니다.

사용하는 프로토콜은 SNMP Simple Network Management Protocol 로, 이 프로토콜은 네트워크 장비의 정보를 확인하거나 정보를 수정하는 기능을 하며, 번호와 문자로 구성된 형태입니다.

그러면 장비는 SNMP를 통해 어떻게 정보를 이해할 수 있을까요? 각 정보에 대한 설명이 필요할 것입니다. 그러한 기준 정보를 MIB Management Information Base 라고 합니다.

ESM 장비는 사전에 정보를 나눌 수 있는 기준 정보인 **MIB 파일**을 받아서 등록한 뒤에 지정된 **암호화, 인증, 커뮤니티**(사전에 공유된 분류 정보) 등을 통해서 정보를 수신하여 현재의 보안 이벤트들을 관리자에게 알려 줍니다. 알람, 메일, 소리 등을 통해 공격을 알려 주는 관리용 도구로서, 효율적인 관제 도구로 많이 사용됩니다.

#037 위험 관리 시스템

Risk Management System, RMS

한 줄 요 약 보안 솔루션의 효율적 정책 관리가 가능한 보안의 연계 시스템

보안 관제의 방향은 ESM에서 새로운 관점으로 바뀌기 시작했습니다. ESM이 도입되면서 다양한 솔루션의 중앙 집중을 통한 효율적 관리가 가능했지만, ESM의 훌륭한 기능에도 단점은 존재하였습니다. 이벤트를 모아서 볼 수 있었지만, 직접적인 정책 관리까지는 불가능했습니다. 이러한 단점을 해결하기 위해 나온 것이 바로 **RMS**입니다.

RMS Risk Management System 는 보안 시스템과 주요 정보 시스템에서 발생하는 여러 종류의 위협과 취약점 정보를 해당 자산의 중요도와 연계해 종합적 분석하여 보안 사고를 사전에 차단하는 보안 솔루션입니다.

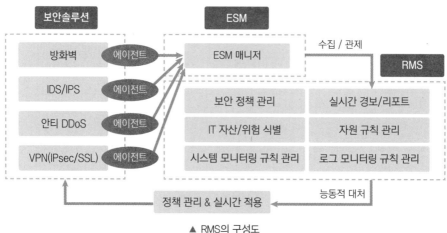

▲ RMS의 구성도

단순하게 이벤트뿐만이 아니라 실시간으로 정책을 관리하여 공격에 대해서 능동적Active으로 차단하는 방식입니다.

주요 기능으로는 침입 탐지/차단에 대한 **보안 기본 정책**을 관리하며, IT 자산에 대한 **위험을 분석**하고 **목록화**합니다. 또한, **자원/성능 모니터링**과 관련된 규칙을 관리하며, 실시간으로 **경보 및 리포팅**을 수행합니다.

ESM과의 가장 큰 차이점은 **정책 관리**입니다. 정책 관리는 시스템마다 연동되는 인터페이스가 존재해야 연동이 가능합니다. 그러다 보니 대부분의 장비가 이용하는 방식은 **벤더에서 제공하는 RMS**를 써서 호환성을 가져가는 경우가 많습니다. 최근에는 각 보안 솔루션마다 강점이 다르기 때문에 **이기종의 보안 솔루션을 사용할 수 있도록 하는** RMS도 등장하고 있습니다. 다만, 이러한 경우에 벤더마다 가지는 특징적인 기능을 전부 제공해 주지 못하므로 제한은 있습니다.

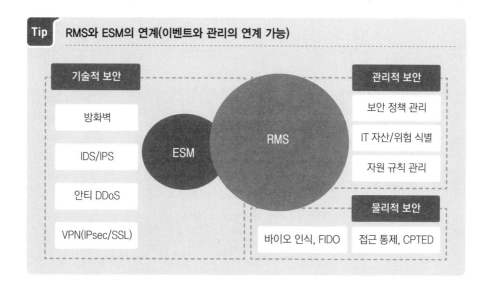

Tip RMS와 ESM의 연계(이벤트와 관리의 연계 가능)

기술적 보안
- 방화벽
- IDS/IPS
- 안티 DDoS
- VPN(IPsec/SSL)

ESM

RMS

관리적 보안
- 보안 정책 관리
- IT 자산/위험 식별
- 자원 규칙 관리

물리적 보안
- 바이오 인식, FIDO
- 접근 통제, CPTED

#038 SIEM

Security Information and Event Management

한 줄 요 약 빅데이터 기반의 로그 데이터를 분석하여 관리자에게 지능화된 위협을 알려 주는 보안 관제 솔루션

ESM, RMS로 효율적인 보안 관리가 가능하게 되었습니다. 그러나 원론적인 질문은 여전히 존재합니다. '무슨 정보를 어떻게 볼 건데?'

모든 보안 솔루션의 인터페이스나 데이터 형태를 맞춰 가면서 연동하는 것은 거의 불가능에 가깝습니다. 또한, 사람이 일일이 이러한 모든 이벤트를 파악하고 실제 공격을 구별하기에는 엄청난 수고가 들어갑니다. 그래서 **빅데이터**와 **인공지능**을 연결하여 지능형 관제에 특화된 **SIEM**이 등장하게 되었습니다.

SIEM Security Information and Event Management은 서버 및 보안 시스템으로부터 생성되는 로그 데이터들을 빅데이터 기법을 활용하여 상관분석, 포렌식 기능 제공, 지능적 위협에 대한 조기 경고 모니터링이 가능한 지능형 보안 시스템입니다.

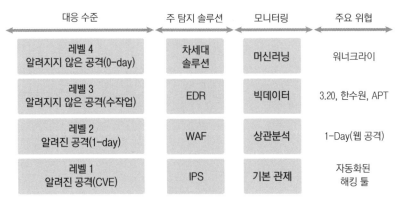

대응 수준	주 탐지 솔루션	모니터링	주요 위협
레벨 4 알려지지 않은 공격(0-day)	차세대 솔루션	머신러닝	워너크라이
레벨 3 알려지지 않은 공격(수작업)	EDR	빅데이터	3.20, 한수원, APT
레벨 2 알려진 공격(1-day)	WAF	상관분석	1-Day(웹 공격)
레벨 1 알려진 공격(CVE)	IPS	기본 관제	자동화된 해킹 툴

▲ SIEM의 주요 역할

알려진 취약점 공격에 대한 방어인 레벨 1부터 최종 목표인 알려지지 않은 0-Day 공격까지 대응하도록 하는 솔루션입니다.

SIEM의 **주요 기능**으로는 다음의 네 가지가 존재합니다.

1. **로그 수집**: 관제 대상 시스템에 설치된 에이전트(프로그램) 및 SNMP(프로토콜), syslog(파일) 서버로부터 로그를 수집하는 과정입니다.
2. **로그 분류**: 이벤트 발생 누적 횟수 등 유사 정보를 기준으로 그룹화하여 분류하는 과정을 말합니다.
3. **로그 변환**: 다양한 로그 형식을 표준 형식으로 변환하는 과정입니다.
4. **로그 분석**: 표준 형식으로 변환된 로그 중에서 타임 스탬프, IP 주소 등을 기준으로 연관성을 분석하는 과정입니다.

최근의 공격은 정교하고 지속적으로 수행됨에 따라 모든 IT 시스템들에 대한 정보들의 연계를 통해서 상관분석을 수행해야만 실제 공격자가 침입한 **공격의 경로**Attack Tree를 파악할 수 있습니다.

Tip　기존 ESM과 SIEM의 비교

비교	ESM			SIEM		
개념도	로그	ESM	관제 / RDBMS	비정형 데이터	SIEM / NoSQL	시나리오 / 연관분석
DB	관계형 DB 관리			NoSQL 기반의 빅데이터		
HW	고가의 유닉스 서버 시스템			저비용의 리눅스 x86 시스템		

지금은 최초의 정보 수집의 목적인 ESM에서 다양한 로그 분석이 가능한 SIEM으로 진화 중에 있습니다.

#039 가상 사설망

Virtual Private Network, VPN

한줄요약 서로 다른 네트워크(다른 회사, 위치)를 연결하는 암호화를 통한 네트워크 구성 기법

지금까지는 관제의 진화를 살펴보았습니다. 이번에는 최근의 보안에서 가장 중요하고 많이 사용되는 영역에 대해 알아보겠습니다.

원격지 근무와 클라우드 시대로 바뀌면서 내/외부의 분리된 망에서 서로 간의 연결이 필요한 경우가 증가하고 있습니다. 그에 따라 기술적으로 유연하게 연결할 수 있는 VPN이 많이 대두되고 있습니다.

VPN Virtual Private Network 은 공중망에서의 이기종 네트워크 간에 터널링 Tunneling, 인증, 암호화 기법을 적용하여 보안과 QoS Quality of Service 를 제공하는 가상의 사설 네트워크를 말합니다.

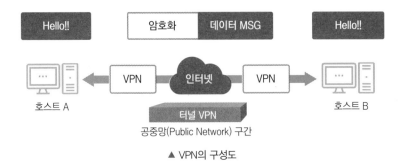

▲ VPN의 구성도

'Hello!!'라는 문자열을 전송한다고 했을 때 평문으로 전달된다면 누구나 볼 수 있을 것입니다. 전달 중간에 발생하는 노출의 문제점을 해결하기 위해, 암호화를 통해 멀리 떨어진 네트워크들을 마치 터널과 같은 연결로 하나의 네트워크처럼 이용하는 기술입니다.

구현 유형에 따라 지정 위치인 1. LAN to LAN과 비 지정된 위치인 2. LAN to Client 방식으로 나눌 수 있습니다.

1. **LAN to LAN**: 두 개의 지정된 지점 간의 네트워크를 VPN을 통해 구성하는 방식입니다. 하드웨어의 VPN 장비를 이용하여 고속으로 암호화를 수행합니다. (IPSEC(◎ #040) VPN이 주로 사용)
2. **LAN to Client**: 원격지의 개인 사용자와 기업의 네트워크를 연결하는 방식입니다. 출장자나 재택근무자와 같이 위치가 지정되지 않은 사용자가 주로 사용하는 방식입니다. (SSL(◎ #041) VPN이 주로 사용)

또한, OSI 7계층별로 다양한 프로토콜을 이용해서 터널링이 가능합니다.

2계층에서는 라벨(고정된 4Byte 데이터)을 이용한 MPLS Multi Protocol Label Switching, 시스코의 제안 방식인 L2F Layer 2 Forwarding, 마이크로소프트의 PPTP Point to Point Tunneling Protocol, 각 장점을 혼합한 L2TP Layer 2 Tunneling Protocol 방식을 사용하며, **3계층**에서는 IP 계층의 대표 주자인 IPSEC IP Security Protocol, 프레임 릴레이 Frame Relay를 수행하는 VTP Virtual Tunneling Protocol가 존재합니다.

제일 많이 사용되는 VPN 중 하나인 **4~7계층**의 SSL VPN은 SSL Secure Socket Layer을 통해서 웹서버를 이용하여 안전하게 통신할 수 있습니다.

3계층의 IPSEC과 4~7계층의 SSL VPN이 대표적입니다.

#040 IPSEC

IP Security Protocol

한 줄 요 약 IP 패킷 프로토콜 기반의 암호화 통신 프로토콜

기업용 VPN에서 많이 사용되는 프로토콜에 대해서 알아보겠습니다.

글로벌 기업에서 많이 사용되며, 실제 본사와 세계 각국에 있는 지사들을 연결하는 데 많이 사용되는 프로토콜로서, 기본적인 IP 프로토콜 기능으로 이용되는 **IPSEC**이 있습니다.

IPSEC IP SECurity Protocol 은 종단 노드(양쪽의 끝 장비) 구간 또는 보안/터널 게이트웨이 구간에서 보안이 취약한 IP 계층(3계층)의 무결성과 인증을 보장하는 IP 보안 프로토콜을 말합니다. IPSEC의 동작 모드는 암호화되는 범위에 따라 두 가지가 존재합니다.

첫 번째로, IP 패킷 전체를 보호하고 그 위에 새로운 IP 헤더를 추가하는 방식인 **터널 모드**Tunnel mode 가 존재합니다. 이 방식은 두 라우터, 두 게이트웨이와 같이 중개자 레벨에서 주로 사용하는 방식입니다.

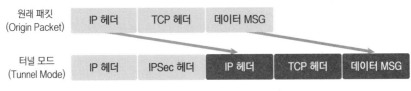

▲ IPSEC의 동작 모드(Tunnel Mode)

두 번째로, 기존의 IP 헤더는 대부분 그대로 이용하고 나머지 부분만 보호하는 **전송 모드**Transport Mode가 존재합니다. 이 방식은 종단(사용자) 레벨에서 통신 시에 주로 사용하는 방식입니다.

▲ IPSEC의 동작 모드(Transport Mode)

IPSEC은 상세 **프로토콜**과 **키 관리 방식**, **정책**으로 구성됩니다.

프로토콜은 데이터 인증과 비 연결형 무결성을 보장해 주는 **AH**Authentication Header와 캡슐화를 통해 기밀성을 보장하는 프로토콜인 **ESP**Encapsulation Security Payload로 구성됩니다.

키 관리 방식은 알고리즘을 이용한 공개된 네트워크에서 키를 주고받는 방식인 **IKE**Internet Key Exchange가 이용됩니다.

정책으로서는 패킷에 대한 보안 정책을 데이터베이스화하는 **SPD**Security Policy Database와 실제 파라미터를 저장하는 **SAD**Security Authentication Database가 존재합니다.

Tip **퍼블릭 클라우드와 VPN 연동**

최근 AWS나 애저(Azure)에 VPN을 통해 연결할 때 IKEv1의 메인 모드나 IKEv2와 같은 **IKE를 설정**하고, 서로 간의 지정된 암호인 **PSK(Pre Shared Key)를 이용**하고, AES-128, AES-256, SHA-1, SHA-2와 같은 **알고리즘을 설정한 정책**들을 통해서 안전한 IPSEC VPN 터널을 구성할 수 있습니다. 기존에는 이기종 간의 VPN 연결이 어려웠으나, 최근에는 클라우드와의 연결을 위해 범용 연결이 가능한 제품들이 늘고 있습니다.

#041 SSL / TLS
Secure Sockets Layer / Transport Layer Security

한 줄 요약 TCP(4계층)와 응용(7계층) 계층 사이에 레이어(5계층)로 구성된 데이터 암호화 및 전송 보안 표준 프로토콜

본사와 지사와 같이 지정된 위치에 대한 가상 사설망 구성을 위해서 IPSEC을 많이 사용했습니다. 그렇다면 위치가 지정되지 않은 구성의 VPN이나 일반적인 웹서비스와는 어떻게 안전하게 통신할 수 있을까요? 이때는 **SSL/TLS** 프로토콜을 이용합니다.

SSL/TLS Secure Socket Layer/Transport Layer Security는 웹 브라우저와 서버 양단 통신 시 응용 계층 및 TCP 전송 계층 사이에서 안전한 보안 채널을 형성해서 **암호화하는 보안 프로토콜**을 말합니다. (프로토콜 형식이 SSL에서 TLS로 변경되었지만, 방식은 동일합니다.)

SSL과 TLS는 사실 크게 바뀐 형태의 프로토콜은 아닙니다. TLS의 처음 명칭도 SSL v4로 고려되었습니다. 그러나 이전 SSL 버전과 호환되지 않는다는 생각으로 명칭이 분리되었습니다. 최근에는 전부 TLS를 사용하고 있습니다. 그러나 여전히 전통적인 명칭인 SSL로 많이 불립니다.

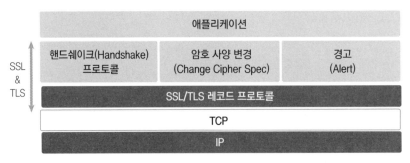

▲ SSL/TLS 프로토콜 구조(STACK)

구조로는 세션 및 비밀키 공유, 상호 인증 등을 수행하는 Handshake Protocol, 암호의 사양을 변경 및 구성하는 Change Cipher Spec, 상대방이 암호화 방식을 지원하지 못할 때 경고를 주는 Alert, 암호화된 데이터를 처리하는 Record로 구성됩니다.

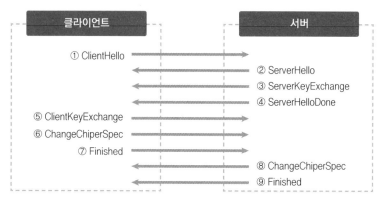

▲ SSL/TLS 프로토콜의 인증 절차

인증 절차로는 위와 같은 절차를 수행합니다. Hello를 통해서 서로를 인지한 후에 키를 교환하고, 서로 암호화 통신 사양을 합의하고, 인증을 종료하면 키와 암호화 사양이 교환되어 암호화 통신이 가능합니다.

| Tip | SSL/TLS 역사 |

2020년 현재 대부분 1.2를 사용하나 1.3으로 변경되는 추세입니다.

프로토콜	역사 설명
SSL 1.0	취약점으로 인한 외부 미공개 처리
SSL 2.0 ~ 3.0	SSL DROWN ATTACK, 패딩 오라클 공격
TLS 1.0 ~ TLS1.2	SSL POODLE ATTACK으로 프로토콜 하향화 문제
TLS 1.2	속도, 프라이버시 이슈(SNI 차단으로 인한) 문제
TLS 1.3	신규 TLS 최신 암호화 버전 출시

#042 SSL 복호화

SSL Offloading

한 줄 요 약   별도의 SSL 복호화 장비를 통해 이후 네트워크단의 부하를 감소시키는 기능/장비

SSL이라는 어려운 암호화 프로토콜의 영역을 알아봤습니다. 프로토콜은 규약의 형태로, 그렇게 하기로 결정한 표준 형태이기 때문에 이해하기가 쉽지 않습니다. 그러면 실제 웹 통신에 SSL을 이용할 때 서버는 어떨까요?

▲ SSL 통신과 서버의 부하

일반 HTTP_{HyperText Transfer Protocol} 웹 통신 방식은 서버에 기본적인 부하만 주고 추가적인 부담은 없으나, SSL 방식을 이용하는 HTTPS_{HTTP over SSL}는 복호화 때문에 서버에 많은 부하를 주게 됩니다. 이러한 서버의 부하를 줄여 주기 위한 방식이 **SSL 복호화**입니다.

SSL 복호화Offloading는 서버 대신 SSL 핸드쉐이크, 데이터 암/복호화를 수행하여 서버에 SSL 통신 관련 부하를 제거하고 클라이언트와 서버 간의 SSL 암호화 통신을 제공하는 기능을 말합니다. 간단히 말해, 암호화를 대신해 주는 장비입니다.

▲ SSL 복호화의 메커니즘

클라이언트부터 SSL 복호화 구간에서는 SSL 암호화를 수행하고, SSL 복호화 장비와 서버 간 통신에서는 일반 HTTP 통신을 수행하는 방식으로 이용됩니다. 실제 **구성 사례**를 통해 어떻게 이용하는지 살펴보겠습니다.

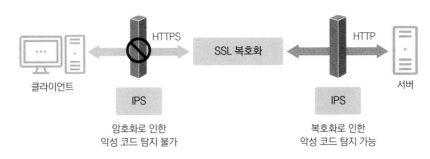

▲ SSL 복호화의 실제 구성 사례

SSL 환경으로 변화하면서 가장 큰 문제였던 보안 솔루션이 지닌 탐지 기능의 문제점들을 SSL 복호화 장비를 이용해서 해결할 수 있습니다. SSL 복호화를 통해 서버 증설 비용도 절감할 수 있으며, 서버의 성능도 향상될 것입니다. 또한, 문제가 많이 일어나는 암/복호화도 단일 포인트로 확인할 수 있다는 장점이 있습니다.

#043 DB 암호화
Database Encryption

한 줄 요 약 DB에 저장된 데이터를 암호화하여 지정된 사용자만 복호화가 가능하게 한 암호 기술

지금까지는 외부의 공격을 방어하기 위한 보안 솔루션에 대해 알아봤다면, 이제부터는 내부의 중요한 데이터가 외부로 유출되는 것을 방지하는 보안 솔루션에 대해서 알아보겠습니다.

개인정보가 유출되었다는 뉴스는 이제는 새로운 일도 아닐 것입니다. 많은 유출 사고가 발생하고 그에 따른 파장도 점점 커지고 있습니다. 최근에는 유럽의 GDPR처럼 징벌적 손해배상 제도까지 증가하여 개인정보와 같은 중요 데이터에 대한 유출 관리가 중요해지고 있습니다. 이럴 때 데이터가 유출되더라도 아무나 볼 수 없게 만들려면 어떻게 해야 할까요? 바로, **DB 암호화** 기술을 이용해야 합니다.

DB 암호화Database Encryption 는 허가받지 않은 공격자에 의한 데이터 오용을 방지하고, 정보가 유출되더라도 이용 및 유통 등 2차 피해를 줄일 수 있게 데이터를 암호문으로 변환하는 기술을 말합니다.

기본적으로 **세 가지 방식**을 많이 사용합니다.

1. 프로그램의 수정이 가능하고 높은 성능이 필요한 경우, 이때는 애플리케이션에 연결할 인터페이스를 붙이는 **API 방식**을 이용합니다.

2. 프로그램의 수정이 불가능한 경우는 프로그램을 직접 수정하지 않고 연동하는 **플러그인 방식**을 이용합니다.

3. 보통은 성능이 필요한 구간에는 API 방식을, 수정이 어려운 경우에는 플러그인 방식을 혼합해서 사용하는 **하이브리드 방식**을 이용합니다.

기본적인 세 가지 방식 이외에 암호화 위치가 다른 경우도 존재합니다.

DBMS DataBase Management System 에서 직접 암호화를 수행하는 **4. TDE** Transparent Data Encryption 방식과 파일 레벨로 OS에서 암호화하는 **5. 파일 암호화 방식**, 별도의 하드웨어를 이용하는 **6. 어플라이언스** Appliance **방식**도 존재합니다.

DB 암호화는 적용하는 쪽에서 많은 **이슈**를 고려해야 합니다. 국내 공공기관에서 사용할 때는 **국내 암호화 알고리즘**을 사용해야 한다는 요건이 있습니다. 따라서 ARIA, SEED 등을 지원해야 하는 이슈가 존재하여 TDE, 파일 암호화를 사용하기가 쉽지 않습니다.

DB 암호화는 DB 성능과 관련해서 이슈가 많아서 개인정보보호법과 같은 **법률적 사유**가 존재하는 기업 위주로만 암호화를 수행하고 있습니다.

DB 암호화를 필수로 만드는 법률은 다음과 같습니다. (2020년 2월 기준)

개인정보보호법(제24조 3항, 24조의2 2항, 29조에 따라) 고유 식별 정보를 처리하는 경우의 암호화, **정보통신망법**(제28조 1항에 따라) 개인정보를 안전하게 저장/전송할 수 있도록 암호화, **전자금융감독규정**(제17조 1항, 제32조, 제33조 1항에 따라) 거래로그, 비밀번호 암호화, **신용정보업감독규정**(제20조에 따라) 비밀번호, 생체 정보 등을 인증하는 정보 암호화가 있습니다.

#044 데이터 유출 방지(DLP)

Data Loss Prevention, DLP

한 줄 요 약 기밀 정보 등이 기업 밖으로 유출되는 것을 방지하는 보안 솔루션

내부에 존재하는 데이터를 다양한 유출 경로로부터 어떻게 보호해야 할까요? DB 암호화는 유출된 데이터가 이용되지 않게 보호할 수 있지만, 유출의 원인인 취약점 및 경로는 확인이 불가능합니다. 그래서 유출자가 마음만 먹으면 언제든지 자료를 동일한 경로를 통해 유출할 수 있을 겁니다. 기업의 입장에서는 유출 경로를 파악하여 누가, 어떻게 유출했는지를 확인하여 추가적인 피해를 막고 감사를 수행해야 할 것입니다. 이런 상황에서 사용되는 것이 **DLP**입니다.

DLP_{Data Loss Prevention}는 기업 내부의 민감한 데이터, 지식재산, 사업 정보 및 고객 개인정보 등의 데이터 유출을 사전에 방지하기 위한 데이터 유출 방지 솔루션을 말합니다.

DLP는 **데이터센터**를 통해 민감한 데이터에 대한 정책 및 탐색, 통제를 설정하고, 실제 **엔드 포인트(PC 레벨)**나 **네트워크(통신 레벨)**를 통해서 모니터링 및 통제 유출 방지를 수행합니다.

관리자는 이러한 모든 내용에 대해 정책을 관리하고 시스템의 운영관리, **워크플로우**Workflow, 작업의 모음에 대한 내용을 **대시보드**Dashboard, 현황판를 통해 보고를 받고 통제를 수행합니다.

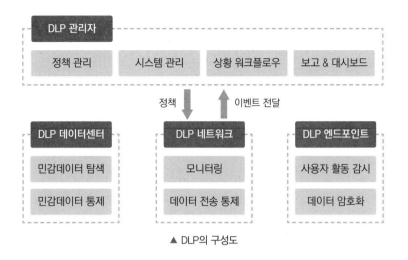

▲ DLP의 구성도

유출 방지를 위해 DLP는 어떠한 방식으로 수행될까요?

DLP의 유출을 확인하는 포인트에 따라서 방식이 분류됩니다. 사용자의 PC에 **에이전트**Agent를 설치하고 사용자의 행위를 감시하여 유출되는 데이터를 막는 방식인 **엔드포인트** 방식과 네트워크에 트래픽을 복제하는 **TAP**Test Access Port를 사용해서 네트워크 구간에서의 유출 행위를 분석하는 **네트워크** 방식이 존재합니다.

이러한 DLP를 통해서 내부의 감사팀에서 주기적으로 **사용자의 메일** 및 **웹, 웹하드** 등을 통한 데이터 유출을 확인할 수 있으며, 특히 퇴사 예정자가 자료를 유출하는 경우가 많은데, 퇴사 예정자의 경우는 일반적으로 3개월 치의 로그를 확인하여 실제 유출 여부를 파악할 수 있습니다.

그러나 정보보안팀 입장에서는 이러한 3개월 치의 개인의 유출 내역을 전수 조사하는 것은 너무 비효율적인 상황이기 때문에 조건 필터로 범위를 축소하거나 자동화된 보안 시스템, 인공지능 등의 신기술을 이용해서 적절한 로그를 확인하여 대처하고 있습니다.

#045 디지털 저작권 관리(DRM)

Digital Right Management, DRM

한 줄 요 약 콘텐츠에 암호화를 통해 불법 사용을 방지하는 기술

앞에서는 DB 데이터에 DB 암호화를 했다면, 파일 레벨의 암호화를 통한 유출 시에 위험을 줄이는 방법은 무엇이 있을까요? 허가받은 사람이 외부에서도 계속 이용할 수 있어야 한다는 전제조건이 있다면 DRM이 그 대안이 될 것입니다.

DRM Digital Right Management 은 디지털 콘텐츠의 생성과 이용까지의 유통 전 과정에 걸쳐 안전하게 관리 및 보호하고, 부여된 권한 정보에 따라 이용을 통제하는 기술입니다.

▲ DRM의 동작 원리

파일 암호화와는 다르게, DRM은 단순하게 암호화를 처리하는 것이 아니라 저작권에 대한 추적 및 권한 제어를 통해서 지정된 사용자만 이용 가능한 방식입니다.

콘텐츠 제공자 Contents Provider가 설정한 권한 정책에 대해 **클리어링 하우스**Clearing House가 정보를 관리 및 유지하여 실제 **콘텐츠 소비자**Contents Consumer의 권한 정책과 라이선스를 확인하여 이용이 가능한 사용자만 사용할 수 있습니다.

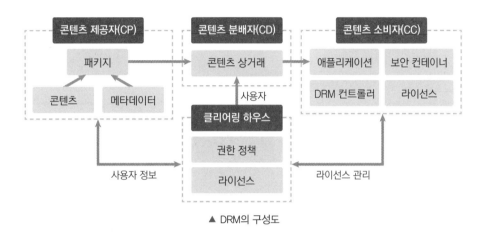

▲ DRM의 구성도

DRM에서는 키가 제일 중요합니다. 서로 다른 기업이 같은 벤더의 DRM 제품을 이용하여 저작권을 관리하더라도 키가 다르기 때문에 서로 간에 데이터를 읽을 수 없습니다.

DRM의 **주요 방식**에는 **서버 방식**과 **엔드 포인트 방식**이 존재합니다. 데이터 암호화 후에 이용할 때는 서버에 권한을 문의한 후 허용된 경우만 이용할 수 있는 **서버 방식**과 최초 콘텐츠 제작자가 정보 제작 시에 권한을 부여하고 암호화하여 파일마다 그 권한 정보를 보유하고 사용 시에 바로 확인할 수 있는 **엔드 포인트 방식**이 있습니다.

쉽게 생각해서, 우리가 멜론이나 지니의 음악 파일을 이용할 때 권한이 없는 사람이나 기간이 지나면 듣지 못하는 것도 이러한 DRM의 권한 관리를 이용해서 제한하기 때문에 가능한 방식입니다.

#046 보안 USB
Security Universal Serial Bus

한 줄 요 약 | 허가된 PC/사용자만 이용 가능한 USB 보안 장치

일반적으로 기업에서는 모든 USB를 사용할 수 있을까요? 이용하지 못하는 회사들이 많을 겁니다. 특히, 물리보안을 수행하는 회사에서는 USB를 막는 경우가 더 많습니다. 이러한 회사에서는 어떻게 USB를 이용하여 서로 간에 데이터를 전송할 수 있을까요? 바로, **보안 USB**를 이용하여 안전하게 데이터를 사용하고 있습니다.

보안 USB Security Universal Serial Bus 는 USB 저장 매체에 인가된 사용자만 저장된 정보를 사용하고, 자료 저장 시에는 자동 암호화를 수행하며, 분실 시에는 저장 자료 삭제 등을 수행하는 USB 저장 장치를 말합니다.

만약 APT 공격의 대표적인 사례인 **스턱스넷** Stuxnet 에서 USB를 이용한 악성코드 감염도 보안 USB만 사용하게 구성했다면 발생하지 않았을 사건입니다.

호스트 A
① 메모리로 데이터 전송
② 메모리는 데이터 저장 시 자동으로 암호화

호스트 B
USB 메모리의 데이터를 다른 PC에서 사용 시
① 비밀번호 입력 → 암/복호화 프로그램
② 데이터 확인 시 자동으로 복호화
③ PC에서 USB 제거 시 자동으로 암호화

▲ 보안 USB의 메커니즘

보안 USB를 이용한 경우에는 지정된 PC에서 ID/PW를 입력하여 접근해야지만 데이터를 읽고 쓸 수가 있습니다.

보안 USB는 사용하고자 하는 시나리오에 따라 다양한 방식의 USB로 이용할 수 있습니다.

[시나리오 #1]

임시로 팀이 구성된 경우를 보통 **TF**Task Force 팀이라고 합니다. 이러한 경우에 PC의 내부에는 저장하지 않고 데이터 유출도 안 되도록 하기 위해서는 보안 USB를 이용해서 모든 데이터를 보안 USB에 저장하게 하고 반출이나 외부 저장도 안 되게 하는 방법이 가능합니다.

[시나리오 #2]

금융권이나 개인정보를 다루는 내부 직원들이 **망 분리**Network Segmentation(❍ #101)된 환경 내에서 데이터를 USB로 옮겨야 할 때 이용하는 방법인데, 지정된 에이전트가 설치된 PC에서만 읽을 수 있는 USB로 이용할 수 있습니다. 외부의 타인에게 전달 시에는 별도의 결재를 통해서 외부 반출을 할 수도 있습니다.

암/복호화 처리 방식으로는 전용 보안 칩 및 전용 메모리를 사용하는 **전용 하드웨어 방식**과 디바이스 통제 모듈에 암호화 소프트웨어가 포함된 **전용 소프트웨어 방식**이 존재합니다.

외부 반출이 허가된 경우에는 USB 인식 시에 자동으로 소프트웨어가 설치되어 이용할 수 있게 합니다.

#047 EMM
Enterprise Mobility Management

한 줄 요 약 | 중앙에서 스마트폰 보안 정책 및 이용을 관리하는 기술

기업에서 그룹웨어(회사의 전자결재 및 공지사항 게시판 등을 이용하는 시스템) 등을 이용할 때 외부에 데이터가 노출되거나 기기 분실 시에 발생되는 위험을 어떻게 관리할까요? 이때는 EMM을 통해서 관리할 수 있습니다.

EMM Enterprise Mobility Management은 모바일 장치, 무선 네트워크 및 기타 모바일 컴퓨팅 서비스를 중점 관리하여 모바일 기기의 기밀성, 무결성, 가용성을 보장하는 프로세스 및 기술입니다.

보통은 EMM이라고 하면 어색한 분들이 많을 겁니다. 회사에서도 모바일 보안을 위해 사용되는 솔루션의 유형을 EMM이라고 부르는 경우는 거의 없을 것입니다. EMM의 세부 유형으로 부르는 경우가 더 많을 텐데, **세부 유형**은 다음과 같습니다.

1. **MDM** Mobile Device Management : 스마트폰, 태블릿, 휴대용 컴퓨터 등의 디바이스를 관리하는 기술을 말합니다.
2. **MAM** Mobile Application Management : 모바일 기기 전체가 아닌 일부 특정 앱에만 기업의 보안 정책을 시행하는 기술을 말합니다.
3. **MCM** Mobile Content Management : 기업의 기밀 정보와 같은 콘텐츠를 쉽고 안전하게 공유/접근하도록 하는 기술을 말합니다.

일반적으로 모바일 기기의 보안 대책이라고 하면 대부분 회사에서는 **MDM**을 많이 사용할 것입니다. **BYOD** Bring Your Own Device 와 같이 개인의 기기를 가져오는 경우가 많아져서 해당 기기를 통제하지 못하면 기업의 보안 수준을 관리하는 것이 불가능하게 되었습니다.

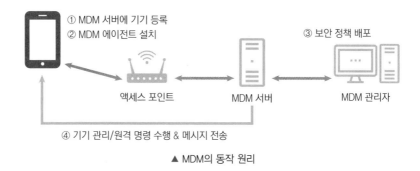

▲ MDM의 동작 원리

MDM 서버에 사용 가능한 개인의 기기를 등록하여 개별 에이전트를 설치하고, 만들어진 보안 정책에 따라서 기기를 관리하고 원격 명령을 수행하도록 합니다. 대부분의 기업이 이러한 방식을 이용하지만, 직원들의 불만도 많다는 점이 문제점입니다.

개인이 구매한 장비에 회사에서 통제하고자 하는 MDM을 강제로 설치함에 따라 배터리 소모는 물론 개인정보, 프로그램에 대한 감시를 받는다고 생각하여 거부감이 들 수 있습니다. 따라서 MDM을 선별적으로 설치(미설치 시 **보안 스티커**를 이용하여 포트와 카메라 막기)하거나, 충분한 설명회를 통해 공감대를 형성하거나, **CYOD** Choose Your Own Device 와 같이 회사에서 모바일 기기를 제공/통제하는 것도 좋은 해결 방안입니다.

#048 NAC
Network Access Control

한 줄 요 약 MAC, IP 등 PC의 고유한 정보를 이용하여 비인가 기기의 네트워크 접근 통제 솔루션

기업에 신규 입사자나 외부 인원이 들어오게 되어 PC를 연결해서 이용하고자 하거나 인가되지 않은 장치를 연결하려 할 때 아무렇게나 연결해도 될까요? 이러한 무분별한 연결을 막는 기술이 NAC입니다.

NAC Network Access Control 는 허가되지 않거나 웜, 바이러스 등 악성 바이러스에 감염된 PC, 노트북, 모바일 단말기 등이 회사 네트워크에 접속하는 것을 원천적으로 차단해 시스템 전체를 보호하는 솔루션을 말합니다.

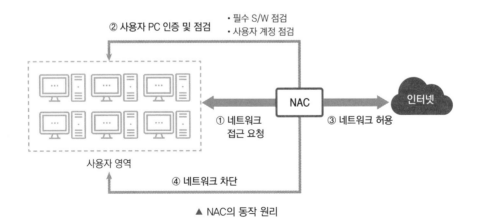

▲ NAC의 동작 원리

사용자가 네트워크를 이용하기 위해서 물리적인 회선을 연결하여 PC를 네트워크에 연결한다면, ① 어떠한 네트워크를 요청하더라도 실제 접속을 허용하지 않고 인증 페이지로 이동됩니다. 이후, ② 사용자 PC는 정해진 아이디와 비밀번호를 이용해서 인증받은 사용자라는 것을 증명합니다. 인증에 성공했다면 사용자의 PC가 네트워크를 안전하게 이용하기 위해서 필수 소프트웨어의 존재 여부를 확인합니다. ③ 인증도 받고 필수 소프트웨어도 존재한다면 네트워크를 이용할 수 있습니다. 만약 앞에서의 조건을 충족하지 못했다면 ④ 네트워크를 차단합니다.

NAC에는 세 가지 **인증 방식**이 존재합니다.

사용자의 사용 전에 인증을 체크하는 방식인 Pre-Admission, 특정 트래픽의 탐지, 필수 소프트웨어를 모니터링하는 Post-Admission, 특정 사이트 차단 및 허용을 관리하는 Enforcement 방식으로 분류됩니다.

NAC는 관리하고자 하는 사용자에 따라 목적이 다양합니다.

1. **내부 사용자**: 내/외부 네트워크 접근 허용, 불법 AP 사용 여부, PC의 자체 보안성을 감시하고 필수/불법 프로그램 사용을 감시합니다.
2. **정기 방문자**: 외부 사용자의 PC를 인지하고 위협 모니터링을 합니다. 또한, OS와 안티바이러스(백신) 최신 패치 여부를 검사합니다.
3. **비인가자 및 단말**: 비인가자의 PC 연결을 제어하고 인증 없이는 네트워크 접속이 불가능하도록 통제합니다.

NAC는 백신 및 DRM과 같은 보안 프로그램의 강제 설치를 하도록 하는 가장 효율적인 통제 방식입니다. 그리고 인가받지 않은 신규 PC에 대한 위험인 **섀도 IT**Shadow IT를 효율적으로 막을 수도 있습니다.

#049 HSM

Hardware Security Modules

한 줄 요 약 하드웨어 내에서 암호화 키를 생성하고 저장하는 장비를 지칭하는 모든 디바이스

NAC를 이용해서 인증을 수행하며 실제 허가받은 사람만이 네트워크 이용이 가능했습니다. 인증 및 암호화에서 가장 중요한 것이 무엇일까요? 이미 많이들 들어 보았던 키입니다. 키가 외부에 노출되면 공개 알고리즘을 이용해서 누구나 그 데이터를 확인할 수 있습니다. 그러면 키를 어떻게 관리해야 할까요?

대개는 소프트웨어와 하드웨어를 이용해서 안전하게 관리합니다. 소프트웨어를 이용해서 키를 안전하게 보호하는 KMS Key Management System 방식과 하드웨어를 활용하여 반출이 불가하도록 키를 관리하는 HSM이 존재합니다.

HSM Hardware Security Modules 은 하드웨어 내에서 암호화 키를 생성하고 저장하는 장비로서, 외부 반출이 되지 않도록 관리하는 별도의 안전한 공간을 제공하는 보안 솔루션입니다.

보안 토큰 프로그램을 설치하여 소프트웨어를 통해 보안 토큰을 생성합니다. 이후, 보안 토큰에 인증서를 발급해서 인증 필요 시에 이용합니다.

HSM은 **통신하는 방식**에 따라 유선 방식의 접촉식과 무선 방식의 비접촉식 방식을 이용하며, **이용되는 매체**에 따라 스마트 카드, USB, USIM 방식과 같이 다양한 유형으로 분류됩니다.

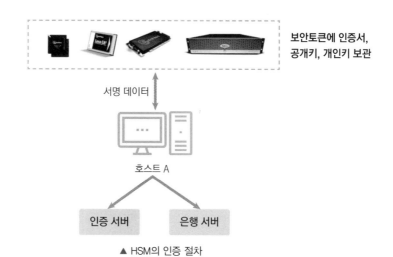

보안토큰에 인증서,
공개키, 개인키 보관

서명 데이터

호스트 A

인증 서버   은행 서버

▲ HSM의 인증 절차

HSM은 OTP와 함께 전자거래에서 많이 사용됩니다. 1개의 HSM 모듈을 통해 타행/타기관에서도 이용할 수 있습니다. 배터리에 따라 3~5년 정도 사용이 가능하며, 인터넷 뱅킹을 이용할 때는 OTP와 동일한 보안 등급을 부여하고 있으며, 휴대가 편리합니다.

다양한 환경에서 인증을 위한 수단으로 많이 사용되고 있습니다.

1. **조달청 전자입찰 시스템**: 지문 인식 시스템 기술을 활용하여 발급된 보안 토큰을 연동하여 신원을 활용하는 용도로 HSM을 이용합니다.
2. **부산은행 모바일 보안 토큰(유심 스마트 인증)**: 스마트폰에 장착된 유심USIM 칩에 인증서를 저장해 금융 거래 등에서 본인 인증에 사용하는 인증서를 저장 및 관리하는 서비스입니다.
3. **스마트 지문보안 토큰(조달청 입찰)**: 신분증을 가지고 조달청에 방문하여 지문 및 보안 토큰을 등록합니다. 이후, 지문보안 토큰에 인증서를 저장합니다. 그런 다음, 저장된 공인인증서와 지문 인증을 통해 로그인합니다.

한 줄 요 약   Authentication(인증), Authorization(권한), Accounting(과금)의 구현 서비스

서비스를 정상적으로 이용하기 위해서는 어떠한 단계를 거칠까요? **누가** 서비스를 이용할 것인지와 그 사람이 이용할 수 있는 **권한**이 있는지 확인하고, 사용한 만큼의 **비용**을 지불하는 과정을 가지게 됩니다. 이러한 과정을 매번 모든 솔루션이 직접 구현해서 사용할까요? 물론, 그렇지 않습니다. 이 과정을 종합한 솔루션을 바로 **AAA**라고 합니다.

AAA Authentication, Authorization, Accounting 는 불법적 서비스 사용을 방지하기 위해 사용자를 인증, 권한 레벨 검증, 과금 기능을 제공하는 서비스, 프레임워크와 기술들을 말합니다.

Authentication(인증)
접근을 시도하는 가입자의 신원을
증명하는 과정(ID 확인)

Accounting(과금)
서비스의 사용 시간을 측정하여
자원의 사용량 알림(이용 확인)

Authorization(허가)
가입자의 권한 DB와 연동하여
허가된 서비스를 제공(권한 확인)

▲ AAA의 기능

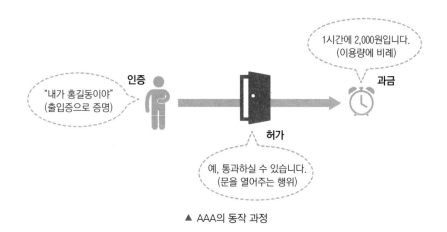

▲ AAA의 동작 과정

인증Authentication을 통해 내가 누구인지 증명하게 됩니다. 홍길동이라는 사람이 본인이 홍길동임을 증명한, 사전에 발급된 출입증으로 증명합니다. (예 PKI, PAP Password Authentication Protocol, 출입 카드)

허가Authorization를 통해 사전에 허락받은 행위를 할 수 있습니다. 문을 열어서 지정된 위치에 입장할 수 있습니다. (예 ACL, CL, SL ● #021)

과금Accounting을 통해 이용하는 양에 비례하여 자원의 비용을 지불합니다. 이에 따라 입장료 및 사용료를 납부하게 됩니다. (예 AMI)

위와 같은 과정을 만들어 놓은 프로토콜 구현 방식이 있는데, RADIUS Remote Authentication Dial-In User Service, DIAMETER, TACACS Terminal Access Controller Access-Control System 등이 그것들입니다.

#051 RADIUS & DIAMETER

RADIUS & DIAMETER

한 줄 요 약

RADIUS: NAS & 네트워크 장비에 인증과 과금 서비스를 제공하는 프로토콜

DIAMETER: RADIUS의 단점을 보완하는 AAA의 표준 프로토콜

AAA 프로토콜과 같은 인증 기술의 표준으로는 가장 유명한 두 가지 방식이 존재합니다. 바로, RADIUS 방식과 DIAMETER 방식입니다.

RADIUS Remote Authentication Dial-In User Service 는 다이얼 업Dial Up, 전화 방식으로 본사 네트워크에 접속할 때 보안을 위해 사용자 이름과 암호, 그리고 필요한 보호 조치를 통해 외부 사용자들을 인증하는 프로토콜입니다.

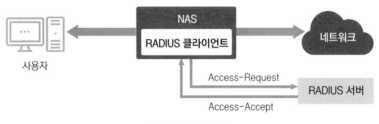

▲ RADIUS의 절차도

보통은 클라이언트/서버 방식의 구조에서 많이 사용되는 방식으로 별도의 프로그램을 이용해서 요청 & 응답을 통해서 인증하는 기본 모델입니다.

공격이 정교해짐에 따라 인증 시에 **비밀번호만 암호화**하는 RADIUS의 단순한 방식에서 벗어나서 인증이라는 것 자체가 보이지 않게 패킷 페이로드payload 전체를 암호화하는 방식이 필요하게 되었습니다. 이러한 방식이 바로 **DIAMETER** 방식입니다.

DIAMETER는 IMT-2020, 와이어리스 등의 다양한 망이 연동되는 유/무선 이동통신, 인터넷에서 가입자에 대한 안전한 신뢰성 있는 인증, 권한 검증, 과금 등의 서비스를 제공하는 AAA 표준 프로토콜입니다.

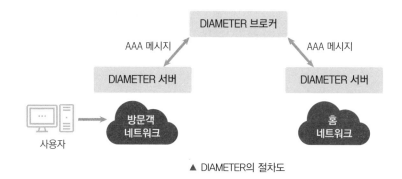

▲ DIAMETER의 절차도

DIAMETER는 다양한 환경의 유무선 망에서 인증이 가능하도록 만든 방식으로서 다양한 프로토콜(Mobile, EAP, SIP, CC) 등을 수용하여 인증 및 과금이 가능하도록 합니다.

보통은 클라이언트/서버 방식보다는 다양한 인증 서버가 분산되어 있는 환경에서 AAA 메시지를 이용하여 DIAMETER 브로커를 통해 인증할 수 있습니다. **패킷 전체를 암호화**하기 때문에 공인망에서도 이용할 수 있습니다.

이외에 UDP 방식의 인증 시스템인 **TACACS**, TCP 방식의 인증 시스템인 **TACACS+**, 분산 환경에서의 인증 시스템인 **Kerberos** 등이 존재합니다.

Kerberos

Kerberos

분산 컴퓨팅 환경에서의 중앙 집중형 인증 서비스

서로 분리된 네트워크 환경에서 인증 수행이 가능한 DIAMETER 방식을 알아보았습니다. 그러면 분산 컴퓨팅 환경에서 좀 더 안전하면서도 인증 정보가 외부에 알려지지 않게 효과적으로 인증을 제공하려면 어떻게 해야 할까요? 티켓 방식의 Kerberos가 있습니다.

Kerberos는 MIT의 아테나Athena 프로젝트에서 개발한 분산 컴퓨팅 환경에서 대칭키를 이용하여 사용자 인증을 제공하는 중앙 집중형 인증 방식을 말합니다.

분산 환경에서도 안전한 인증을 수행하기 위해서 시스템마다 인증 정보를 직접 받아서 수행하지 않고 별도의 인증 서버와 **티켓 발급 서버**를 이용해서 티켓을 통한 임시적 서비스를 제공합니다.

발급된 티켓을 서비스 서버에서 타임스탬프에 대해 유효 여부를 검증하여 데이터를 이용할 수 있게 합니다.

서버별로 역할에 따라 분리되어 인증 과정을 수행하고 있습니다.

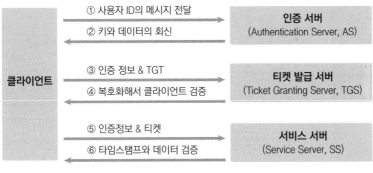

▲ Kerberos의 인증 절차

제일 먼저 인증을 수행하는 ①~② AS Authentication Server 가 존재합니다. 이러한 AS는 사용자의 계정 정보를 기준으로 인증을 수행합니다. 이후 ③~④ TGS Ticket Granting Server 를 통해서 인증된 결과와 일시적인 서비스의 수행이 가능한 티켓을 받을 수 있는지를 파악합니다. 티켓이 발급되어 일시적인 권한을 받았다면 ⑤~⑥ 실제 서비스를 수행하는 SS Service Server 를 통해서 원하는 서비스를 제공받습니다. 사용자는 일시적인 티켓을 발급받아서 이용하게 됩니다. 중간에 티켓이 노출되더라도 이미 효력이 없어 재사용이 불가하므로 안전한 이용이 가능합니다.

이렇게 중앙에서 인증과 티켓을 관리하면 서비스마다 인증을 매번 구현하지 않고 적절하게 서비스와 인증을 분리할 수 있습니다.

각 서비스에 대한 인증 Authentication 의 결합도 Coupling 를 줄일 수 있어서 효율적으로 역할을 분리할 수 있습니다. 따라서 서버별로 개별 역할에 집중할 수 있어서 관리가 쉽습니다.

Kerberos는 시간 개념을 도입함에 따라 임시적인 인증이 가능하기 때문에 중앙 집중 형태로 인증을 하는 보안 인증 모델의 대표 주자입니다.

> **Tip** **Kerberos의 인증 절차(예 놀이공원)**
>
> 인증 수행(신분증 확인) → 임시 티켓 발급(티켓 구매) → 놀이기구별 티켓의 유효성만 검증

#053 SSO

Single Sign On

하나의 ID와 비밀번호로 여러 시스템에 접근하는 기술

분산 환경에서의 중앙 집중 인증 방식인 Kerberos에 대해서 알아보았습니다. 이를 계기로 발전된 인증 체계가 존재합니다. 모든 서버의 인증을 통합하여 한 번만 인증하면 이후에 다른 서버까지 인증을 대행해 주는 모델이 있습니다. 바로, SSO입니다.

SSO Single Sign On는 한 번의 시스템 인증을 통하여 여러 정보 시스템에 재인증 절차 없이 접근할 수 있는 통합 로그인 솔루션(One time login, Use Any service)을 말합니다.

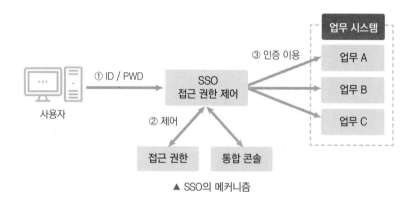

▲ SSO의 메커니즘

아이디와 비밀번호를 이용해서 SSO 인증 서버에 인증을 수행합니다. 인증 이후 접근 권한을 받아 개별 업무 시스템에서 이용할 수 있으며, 재인증 없이 사전에 허가된 개별 시스템에서도 이용할 수 있습니다.

SSO는 최근 모든 기업의 그룹웨어 및 주요 시스템에서 인증을 수행하는 주요 기술로 사용되고 있습니다. 그리고 SSO에는 인증과 관리라는 측면에서 다양한 기술이 적용되고 있습니다.

인증 측면에서 보자면, 비대칭키를 이용한 PKI, 생체 정보를 이용한 바이오 인식, 로그인 시마다 안전한 비밀번호를 생성하는 OTP 등을 통해서 강화된 인증을 이용해 1회 인증만을 수행합니다.

관리 측면에서 보자면, 간단한 계정 정보를 저장하는 DB인 LDAP, 일시적으로 받은 **인증 토큰**Authentication Token을 저장하는 쿠키를 통해 인증 정보를 관리합니다.

인증 정보들은 SSL, IPSEC과 같은 다양하면서도 안전한 암호화 채널을 통해 전송되고 사용됩니다.

SSO는 **구현 모델**로서 다음의 두 가지 방식을 가장 많이 사용합니다.

1. **Delegation(대행) 모델**: 아이디와 비밀번호를 가지고 있다가 인증 요청 시 직접 에이전트가 전달하여 해당 시스템에서 직접 인증을 수행합니다.
2. **Propagation(정보 전달) 모델**: SSO와 개별 업무 시스템 간의 신뢰 관계를 수립하여 사용자가 SSO 에이전트에 인증을 수행하면 이후 토큰으로 이용하는 방식입니다.

우리가 사용하는 웹 환경에서는 일반적으로 Propagation 방식을 많이 사용합니다. 물론, Delegation과 Propagation을 같이 사용하는 하이브리드 방식도 많이 사용되고 있습니다.

#054 EAM

Enterprise/Extranet Access Management

한 줄 요 약 ｜ 통합인증(SSO)과 권한 부여, 자원 관리, 보안 정책을 수립한 인증 시스템

SSO를 통해서 인증만 수행하면 다양한 시스템의 인증이 전부 완료될까요? 물론, 될 수도 있습니다. 그러나 시스템별로 접근 권한이 다르고 사용자별 권한을 다양하게 관리해야 하는 경우가 더 많습니다. 이때 사용이 가능한 SSO에 권한 관리를 추가한 **EAM**이 존재합니다.

EAM Enterprise/Extranet Access Management 은 각종 시스템 접근을 위한 사용자 인증 및 접근 권한 관리를 통합적으로 수행하며, 보안 정책 수립을 지원하는 통합 보안 관리 솔루션을 말합니다.

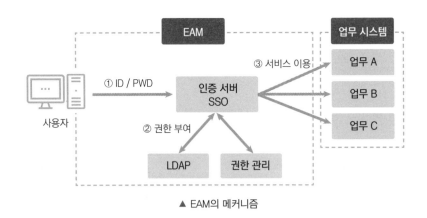

▲ EAM의 메커니즘

메커니즘만 보았을 때는 기존 SSO와 크게 다르지 않습니다. 현장에서는 EAM을 따로 구분하지 않고 SSO라고 부르는 경우도 있습니다.

EAM은 기존의 SSO와 어떤 **차이**가 존재할까요?

1. **관리적 측면**: 별도로 존재하는 다양한 각 시스템에 대한 개별적인 보안 관리가 어려워 개별 시스템 및 사용자의 **통합 권한 관리** 서버의 기능을 수행합니다.
2. **기술적 측면**: 기존 SSO 기능 이외에 **접근 권한 관리** 및 **자원 관리**를 통해 효율적인 시스템 운영을 수행합니다.

EAM은 어떻게 구성되어 있을까요? 전체적인 요소는 SSO와 크게 차이가 있지는 않습니다. EAM 역시 SSO를 수행하고 추가로 권한까지 차등 관리하도록 만들어진 솔루션이기 때문입니다. 특징적인 구성 요소만 알아보겠습니다.

SSO에서도 등장한 인증 시 인증 정보의 보관 장소인 **LDAP** Lightweight Directory Access Protocol 는 인증을 위해 특화된 간단한 DB라고 생각하면 쉽게 이해할 수 있을 것입니다. 이후 권한 관리를 수행하는데, 단순하게 인증만 수행하는 SSO에 비해 자원과 소유자 간의 신뢰 관계를 이용한 권한 통제인 **PMI** Privilege Management Infrastructure 를 이용한 **ACL** Access Control List 기반 권한을 통제합니다. 기존의 접근 제어에서 배운 그 ACL이 실제로 구현된 솔루션이라고 생각하면 될 것 같습니다. 이후 **RBAC** Role Based Access Control 역할을 기반으로 미리 나누어진 형태로 인증 이후 개별 시스템을 이용할 수 있습니다.

인증 솔루션이라는 영역은 **접근 제어**(◐ Section 3)에서 배운 기본 이론을 바탕으로 효율적인 식별-인가의 행위를 하는 솔루션입니다.

#055 IAM
Identity Access Management

한줄요약 IAM = EAM + Provisioning + Audit

EAM을 통해 중앙에서 접근 권한에 대한 집중 위임 관리 및 효율적인 자원 관리가 가능했습니다. 다만, 관리자가 직접 권한의 ACL을 관리해야 한다는 측면에서 관리 비용이 증가하는 문제점이 존재합니다. 이러한 관리의 어려움을 개선할 수 있지 않을까요? 이때 IAM(IM)을 이용하면 자동화를 통한 효율적 관리가 가능합니다.

IAM Identity Access Management 은 조직이 필요로 하는 보안 정책을 수립하고 정책에 따라 자동으로 사용자의 계정과 권한을 관리하는 솔루션을 말합니다. 앞에서의 SSO와는 어떠한 차이점이 있을까요?

▲ IAM의 변화

앞에서의 통합인증 관리 SSO 이후 권한 및 자원의 보안 정책을 수립함에 따라 접근 권한 관리를 수행하는 EAM으로 발전되었습니다. 이러한 권한까지 관리가 가능하다면 좀 더 발전할 수 있습니다. 바로, 우리가 잘 아는 **인사 연동**(인사 시스템과 계정을 연동하여 입사/퇴사 등을 처리)이라고 하는 방식처럼 자동으로 계정을 생성/삭제하여 효율적인 관리를 할 수 있는 방식으로의 변화가 가능합니다.

기본 구성 중에 인증, 권한, 관리까지는 EAM과 큰 차이가 없습니다.

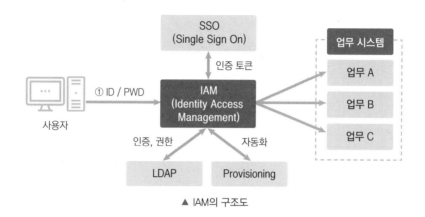

▲ IAM의 구조도

차이가 있는 구성으로는 바로 **계정 자동화**Provisioning 입니다.

인원의 변동인 인사발령을 통해 조직 내 인사이동, 직무 변경 시 해당 접근 권한 및 자원을 자동으로 변경 관리하는 기능을 수행합니다.

비교	IAM	EAM	SSO
인증	지원	지원	지원
권한	지원	지원	지원
관리	지원	지원	미지원
자동화	지원	미지원	미지원

IAM, EAM, SSO의 차이를 한눈에 확인하였습니다. 관리, 자동화 측면에서의 차이가 분명 존재합니다. 이제 내부가 아닌 외부의 인증을 이용하는 방식을 알아보겠습니다.

#056 OAUTH

Open Authorization

한 줄 요 약 회원 가입을 하지 않고 이미 가입된 사이트의 인증 정보를 이용하는 인증 기법

앞에서는 기업 내부에서 여러 시스템을 통합하여 인증하는 방법에 대해서 알아보았습니다. 인증을 통해서 본인이 필요한 시스템의 권한을 얻는 것은 중요합니다. 다만, 내가 어떤 시스템을 사용하고 싶은데 그 시스템에 별도로 가입하거나 개인정보를 주고 싶지 않다면 어떻게 해야 할까요? 많이 고민될 것입니다. 한두 번 접속할 사이트에 가입까지 하고 싶지는 않겠죠. 이때 사용 가능한 기법이 **OAuth**입니다.

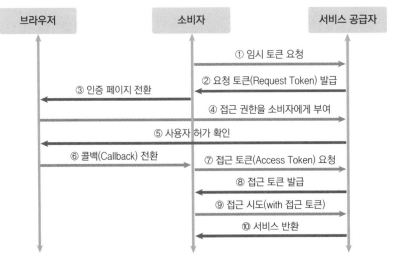

▲ OAuth의 인증 절차(OAuth 1.0 기준)

OAuth Open Authorization 는 서비스 공급자가 사용자의 비밀번호를 고객에게 공유하지 않고 API를 통하여 보호된 자원에 접근을 허가하는 기술입니다. (제삼자의 인증 정보를 이용해서 인증 처리)

잘 이해가 안 가는 기술이죠? 이제 쉽게 이해해 볼까요?

사용자(본인), 서비스 공급자(네이버), 소비자(중소 쇼핑몰)라고 가정을 해보겠습니다. 여기서의 **소비자는 자원을 사용하고자 하는 기업**입니다.

나(사용자)는 중소 쇼핑몰 Consumer 에서 최저가 상품을 발견했습니다. '득템(아이템 획득)' 그런데 배송을 위해서는 내 개인정보를 넣어서 가입해야 합니다. 그런데 한두 번 올 것 같은 이러한 쇼핑몰 사이트에 내 개인정보를 넣어서 가입하기 싫습니다. 그러나 쇼핑몰 사이트는 회원 관리를 해야 하는 입장입니다. 고민이 되는 상황입니다. 쇼핑몰 사이트에서도 이런 고객들을 위해서 방법을 찾고 싶습니다. 이럴 때 사용 가능한 방법이 **OAuth**입니다. **네이버(서비스 공급자)**와 같은 사용자가 많이 가입한 사이트에 가입한 정보를 이용해서 별도의 가입 과정 없이 단순하게 식별 정보 연계를 통해서 사용자 정보를 분리하여 서비스를 이용할 수 있게 해줍니다. 그렇게 생각하고 인증 절차를 보면 더 쉬워질 것 같습니다.

1. **사용자**: 접근 권한을 제공하도록 허락함으로써 소비자를 이용
2. **서비스 공급자**: OAuth를 통해서 본인의 계정으로 인증하도록 제공
3. **소비자**: 실제 서비스를 제공할 수 있는 제공자로 인증을 이용
4. **요청 토큰** Request Token : 사용자가 이용할 수 있게 정보 접근 권한을 전달
5. **접근 토큰** Access Token : 인증 후 실제 자원에 접속하기 위해 요구하는 토큰

국제 표준인 RFC 5849에 의해서 지정되었으며, 최근에는 RFC 6749/6750에 의해서 **OAuth 2.0**도 표준으로 지정되었습니다.

#057 FIDO
Fast Identity Online

한 줄 요 약 바이오 인증을 통해서 빠르게 인증하는 기술

다양한 인증 타입이 존재합니다. 타입 1: What you know(알고 있는 지식, **예** **비밀번호**), 타입 2: What you have(가지고 있는 것, **예** **핸드폰**), 타입 3: Who you are(본인 자체, **예** **지문**), 타입 4: What you do(습관, **예** **키 입력 패턴**)와 같이 여러 방식이 존재합니다. 이러한 방법 중 가장 간단하면서 강력한 방법은 무엇일까요? 바로, 타입 3의 본인 자체 기반의 인증입니다. 이런 방식의 대표 주자가 바로 **FIDO**입니다.

FIDO Fast Identity Online 는 온라인 환경에서 ID, 비밀번호 없이 **바이오 인식** 기술을 활용하여 보다 편리하고 안전하게 개인 인증을 수행하는 기술을 말합니다. 쉽게 말하면, 바이오 인증을 이용하는 인증 방식입니다.

FIDO는 표준에 따라 인증 규격이 나뉩니다. 첫 번째로는 비밀번호 대신에 로컬 인증(지문, 목소리)을 통해 온라인 인증을 하는 UAF Universal Authentication Framework 가 있습니다.

또한, 온라인으로 인증한 이후에 추가적인 인증을 통해 보안을 강화하는 방법으로는 보안 토큰을 사용해 인증하는 U2F Universal 2nd Factor 도 있습니다.

▲ UAF의 인증 방식 ▲ U2F의 인증 방식

UAF와 U2F를 통해 안전한 인증을 제공하여 편리하면서 강력한 바이오 인증 방식을 제공합니다. 간단한 바이오 인증을 기존의 인증 체계와 연동하여 토큰 & 공개키로 전자 서명 등을 수행하는 방식입니다.

서버에 인증 토큰과 공개키를 등록하고, 인증 시에 난수와 인증 토큰을 통해서 인증을 수행하는 방식을 말합니다. 기본적인 모바일과 앱 중심의 표준인 FIDO 1.0을 이용해 모바일의 복잡한 비밀번호를 바이오 인식으로 수행합니다. 그러나 단순하게 1.0만 이용하기에는 현재의 서비스 환경은 다양하게 발전하였습니다. 그에 따라 모바일뿐만이 아닌 **PC**나 **웹 브라우저**에서 다양한 PC 운영체제와 브라우저를 지원하는 FIDO 2.0과 같은 인증이 필요하게 되었습니다. 이러한 FIDO 2.0과 같은 인증을 위해서 외부의 다양한 인증 장치(지문, 목소리)는 **CTAP**(USB, NFC, 블루투스)를 이용합니다. 또한, 내장된 인증 장치는 **ASM**을 이용해서 인증을 연동하며, 단말기와 서버는 자체 프로토콜을 구현해서 인증합니다.

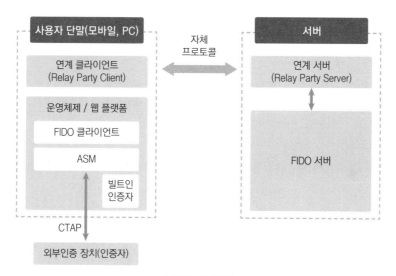

▲ FIDO 아키텍처

#058 바이오 인식

Biometrics

한 줄 요 약   개인의 생체 정보를 이용하여 식별 & 인증하는 기술

FIDO와 같은 방법의 인증을 수행하게 되면 편리하고 효율적으로 서비스를 운영할수 있습니다. 이때 많이 사용되는 주요 인증 기법은 타입 3의 What you are로, 즉 **바이오(생체 정보)를 인식**시키는 방식이 이용됩니다.

바이오 인식 Biometrics은 살아 있는 인간의 신체적, 행동적 특징을 자동화된 장치를 거쳐 측정함으로써 개인 식별의 수단으로 활용하는 기술을 말합니다. 바이오 인증은 편리하고 자주 사용되지만, **정확성**의 문제점이 존재합니다.

바이오 인식의 정확성을 측정하는 **기준**은 다음의 세 가지가 있습니다.

1. **타입 1(False Rejection Rate, FRR)**: 오거부율誤拒否率이라고 하는, 잘못된 거부 비율을 말합니다. (일반적으로 2~3% 내에서 허용이 가능합니다.)
2. **타입 2(False Acceptance Rate, FAR)**: 오인식율誤認識率이라는, 잘못된 허용 비율을 말합니다. (일반적으로 0.002% 내에서 허용이 가능합니다.)
3. **교차점(Crossover Error Rate, CER)**: 교차점으로 잘못된 거부의 비율(FRR)과 잘못된 허용의 비율(FAR)의 적절한 비율을 말합니다.

이런 세 가지 기준이 적절하게 혼합되어야 안정적인 바이오 인식이 가능합니다.

대개 높은 수준의 보안성이 요구되는 경우는 **FAR을 낮추고 FRR을 증가**시켜 보안성 향상을 꾀할 수 있습니다.

당연히 효율적인 CER에 맞추는 것이 좋겠죠. 그러나 둘 다 만족시킬 수는 없습니다. 둘 중 하나를 선택한다면 FRR이 높은 게 안 좋을까요, FAR이 높은 게 안 좋을까요? 굳이 선택한다면 **FAR이 높은 게 더 안 좋습니다**. 만약 모르는 사람이 들어온다면 보안 에 심각한 위협이 될 것입니다.

바이오 인식의 **유형**은 다양하게 존재합니다.

유형	설명
지문 인식 기술	지문 융선의 형태가 다른 유일성과 불변성 인식 기술
얼굴 인식 기술	카메라에서 인식되는 얼굴과 DB의 비교 판별 기술
홍채 인식 기술	고유한 눈동자의 망막 혈관과 홍채 패턴의 구별 기술
정맥 인식 기술	손등의 정맥 패턴으로 식별에 사용하는 판별 기술
DNA 인식 기술	혈액이나 타액을 이용하는 변조 불가능한 측정 기술
음성 인식 기술	사람마다 다른 음성의 특징을 이용한 인식 기술
서명 인식 기술	독특한 스타일 서체 활용, 입력 서명값 비교 기술

위와 같은 다양한 바이오 인식 방식으로 본인만의 특징을 이용한 효율적 인증을 할 수 있습니다.

패턴을 등록하고 이후 영상 획득, 전처리 과정, 이미지 추출을 통해 특징의 검출 및 매칭을 수행합니다. 이후 표준화 및 인식을 통해 영상 간의 비교를 수행합니다. 다양 한 보안 인증을 통해 편리성이 증가하고 있습니다. 이런 바이오 인식 솔루션의 발전 이 보안산업의 발전을 이끌어 갈 것입니다.

퀴즈 타임

1. 외부로부터의 불법 침입과 내부의 불법 정보 유출을 방지하고, 내/외부 네트워크의 상호 간 영향을 차단하기 위한 보안 시스템은?

   ① ESM   ② 방화벽   ③ IPS   ④ VPN

2. 무선 네트워크 환경에서 외부의 침입으로부터 내부 시스템을 보호할 수 있도록 특정 패턴으로 공격자의 침입을 탐지/방어하는 시스템은?

   ① Access Point   ② NAC   ③ WIPS   ④ UTM

3. VPN에서 많이 사용되는 IPSEC 프로토콜의 동작 모드는 새로운 IP 패킷 전체를 보호하는 (　　　)와(과) IP를 제외한 나머지 부분만 추가하는 (　　　)가(이) 존재합니다. 빈칸을 채우세요.

4. DB 암호화의 유형 중 프로그램 수정이 가능하고 높은 성능이 필요한 경우에 주로 사용 가능한 방식은?

   ① API   ② 플러그인   ③ TDE   ④ 어플라이언스

정답   1. ②   2. ③   3. 터널 모드, 전송 모드   4. ①

해킹

침해 사고를 발생시키는 해킹의 원리를 이해하고, 이를 통한 효과적인 대응 방안에 대해서 알아보겠습니다.

- 해킹 기법
  (해킹 & 악성 프로그램, 랜섬웨어, APT, 비즈니스 스캠)
- 악성코드 유입 기법
  (DBD, 피싱 & 스피어 피싱, 파밍, 워터링 홀, 익스플로잇, 안티바이러스)
- 네트워크 공격 기법(가로채기)
  (네트워크 스니핑, 세션 리플레이 & 세션 하이재킹)
- 웹 공격 기법(불법 수정)
  (OWASP Top 10, XSS/CSRF, SQL 인젝션)
- DoS 공격 기법(서비스 방해)
  (DoS & DDoS)
- 대응 기법
  (DDoS, DNS 보안, 허니팟, 템퍼 프루핑 & 워터마크, 역추적 기술 등)

#059 해킹 & 악성 프로그램
Hacking & Malicious Program

> **한 줄 요 약**
>
> **해킹**: 불법으로 접근하거나 시스템에 유해한 영향을 끼치는 행위
> **악성 프로그램**: 바이러스, 멀웨어 등 비정상 해킹 프로그램

보안이라고 하면 가장 먼저 무엇이 떠오르나요? 보통의 사람들이 접근하지 못하는 정보를 획득하는 **해킹**을 떠올리는 분들이 많을 겁니다.

해킹Hacking은 시스템 관리자가 구축해 놓은 보안망을 무력화시키거나 시스템 관리자 권한을 불법으로 획득하여 다른 사람에게 피해를 주는 모든 행동을 말합니다.

해킹은 많은 보안 사고를 발생시키는 행위로, 허가받지 않은 해킹은 **범죄**임을 명심해야 합니다. 취약점을 진단하기 위한 목적의 모의 해킹이라도 반드시 **사전 허가**가 있어야 합니다.

해킹은 **목적**에 따라 두 가지로 나뉘게 됩니다.

1. **크래킹**Cracking : 다른 사람의 컴퓨터 시스템에 무단으로 침입하여 정보를 훔치거나 프로그램을 훼손하는 등의 **불법 행위**를 말합니다. 사람들이 일반적으로 알고 있는 범죄 행위의 해킹입니다.
2. **해킹**Hacking : 전통적인 해킹은 개발자를 포함하는 개념으로서, 컴퓨터 네트워크의 보안 취약점을 찾아내어 그 **문제를 해결**하고 이를 악의적으로 이용하는 것을 방지하는 행위를 말합니다.

이러한 해킹은 **가로채기**Packet Sniffing, **불법 수정**(SQL 인젝션, XSS), **서비스 방해**(DoS, DDoS), **제어**Backdoor, Rootkit와 같은 다양한 방법을 통해 이루어집니다. 이 내용은 이후에 상세하게 알아보겠습니다.

해킹을 하는 해커들은 자신만의 방식으로 **악성 프로그램**을 제작하며, 이 프로그램을 통해서 보안 사고를 발생시킵니다.

악성 프로그램 Malicious Program은 사용자 정보 탈취, 분산 서비스 거부 공격 등 악의적인 목적으로 실행하며, 자기 복제와 정상 파일에 삽입을 수행하는 모든 프로그램 또는 파일을 말합니다.

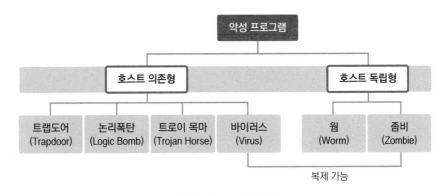

▲ 악성 프로그램의 유형

악성 프로그램은 독자적인 존재 여부에 따라 **호스트 의존형**과 **호스트 독립형**으로 분류됩니다. 의존형으로는 언제나 쉽게 들어올 수 있도록 준비한 뒷문인 **트랩도어**Trapdoor 혹은 **백도어**Backdoor, 특정 조건을 충족하는 경우에만 동작하는 **논리 폭탄**Logic Bomb, 파일 검색 및 자신의 코드를 삽입하는 **바이러스**Virus가 존재합니다. 독립형은 자가 복제하는 **웜**Worm, 인터넷에 연결된 컴퓨터를 이용하여 공격하는 **좀비**Zombie 등이 있습니다.

#060 랜섬웨어
Ransomware

한 줄 요 약   Ransom(몸값) + Software(소프트웨어)

악성 프로그램의 대표적인 유형에는 누구나 아는 **바이러스**Virus가 있습니다. 타인의 데이터에 기생해서 변화를 꾀하며 피해를 주는 형태입니다. 우리가 알고 있는 현실 세계의 바이러스와도 다르지 않습니다. 이러한 악성 바이러스 중에 최근에 가장 유명한 것은 무엇이 있을까요? 뉴스에서도 제일 많이 나오는 **랜섬웨어**가 존재합니다.

랜섬웨어Ransomware는 사용자의 중요 데이터를 암호화하거나 시스템의 사용을 불가능하게 만든 뒤, 복호화 키나 시스템의 복구를 명목으로 금전(비트코인)을 요구하는 악성 소프트웨어를 말합니다.

| 악성 침투
(메일, 웹) | 악성코드
감염 | 파일 검색
(문서 위주) | 암호화 & 금전 요구 |

▲ 랜섬웨어의 감염 절차

대개 이메일이나 웹 링크를 통해서 감염된 랜섬웨어는 본인 PC뿐만 아니라 주위에 다른 PC까지 침투하여 암호화를 통해 금전을 요구합니다. 에레버스 랜섬웨어의 공격을 받은 나야나 웹호스팅 사이트(웹서비스를 제공하는 사이트)가 대표적인 사례입니다. 금전까지 전달했던 나야나 사건으로 한국은 대표적인 랜섬웨어의 피해국이 되었고, 또한 랜섬웨어 공격의 표적이 되었습니다.

랜섬웨어는 전 세계적으로 엄청난 사건을 많이 일으켰습니다. 2016년 6월에 뿜뿌를 숙주로 **울트라크립터**Ultracrypter가 크게 발생했으며, 2017년의 일본 열차 정지와 영국의 NHS, CJ CGV 등을 마비시킨 **워너크라이**Wannacry, 이후 2017년 6월에 나야나의 **에레버스**Erebus, 우크라이나의 정전 사태를 일으킨 **낫페트야**NotPetya, 그 이후에도 **갠드크랩**Gandcrab, **매그니베르**Magniber 등 다양한 형태로 사건과 사고를 일으키고 있습니다.

대표적인 **유형**으로는 컴퓨터 내의 중요 파일을 암호화하는 **네스티 스터프**Nasty Stuff, 경고 팝업을 통해서 금전을 요구하는 **스케어웨어**Scareware, FBI나 사법부를 사칭해 벌금을 유도하는 **락 스크린**Lock Screen 등이 존재합니다. 랜섬웨어에 효과적으로 **대응**하기 위해서는 어떻게 해야 할까요?

감염 전에는 미리 분리된 공간에 보관하는 **원격 백업**, 내/외부 네트워크를 분리하여 수행하는 **망 분리**, 악성코드 탐지의 대표 방법인 최신 **백신 소프트웨어 설치**, 공유 폴더 **권한 관리**, 여러 히스토리를 관리하는 **자료 버전 관리** 등을 수행해야 합니다.

이러한 사전 준비에도 불구하고 **감염이 되었다면** 사전에 백업된 데이터를 이용해서 **복원**, 추가 감염 방지를 위해 **네트워크 접속 차단**, 전문 기술을 통해 감염 경로를 추적하는 **디지털 포렌식**Digital Forensic(▶ #098), 침해 사례를 조속히 전파하여 **보고 및 신고**, 전문가들에게 **상담**, 추가 피해를 막기 위해 **임직원 보안 교육** 등을 수행해야 합니다. 최근까지도 성행하고 있는 랜섬웨어는 제일 주의해야 하는 악성 프로그램입니다.

#061 APT

Advanced Persistent Threat

한 줄 요 약 특정 타깃을 목표로 다양한 수단을 통한 지속적이고 지능적인 맞춤형 공격

인디언의 기우제에 관해 들어 보신 적이 있나요? 인디언이 기우제를 지내면 반드시 비가 온다고 합니다. 그 이유는 인디언의 기우제는 비가 올 때까지 지내기 때문입니다. 해킹 기법 중에서도 이러한 방식이 존재합니다. 그 방식이 무엇일까요? 바로, **APT**입니다.

APT Advanced Persistent Threat 는 특수 목적의 조직이 하나의 표적을 정해 다양한 정보통신 기술을 이용하여 지속적으로 정보를 수집하고 취약점을 분석하여 피해를 주는 공격 기법을 말합니다. 즉, 목표를 이루기 위해서 끊임없이 방법을 바꿔가며 공격하는 기법을 말합니다. 그래서 APT의 공격 성공률은 **100%**입니다. 뚫리지 않는 곳을 뚫릴 때까지 계속 공격하기 때문입니다.

▲ APT의 공격 단계

APT의 공격 단계는 4단계로 구성됩니다.

1. **침입**Incursion : 표적 공격 시에 이메일, USB, 인증 정보, SQL 인젝션 등 악성 프로그램을 사용해서 목표로 삼은 기업의 네트워크에 침투합니다. (ⓒ 관찰Reconnaissance, 사회공학Social Engineering, 제로데이0-day)

2. **검색**Discovery : 한번 시스템의 내부로 침입한 공격자는 기업의 시스템에 대한 정보를 수집하고 기밀 데이터를 자동으로 검색합니다. (ⓒ 다중 벡터Multiple Vector, 은밀한 활동Run Silent, 연구 및 분석)

3. **수집**Capture : 수집 단계에서 보호되지 않은 시스템에 저장된 데이터는 공격자에게 노출되어 수집 및 시스템 운영을 방해합니다. (ⓒ 은닉Convert, 권한 상승Escalation, 장시간 활동Long-Term Occupancy)

4. **유출**Exfiltration : 공격자가 지식재산권을 포함한 각종 기밀 데이터를 유출하며, 소프트웨어 및 하드웨어 시스템에 손상을 입히는 과정입니다. (ⓒ 제어Control, 지속적인 분석Ongoing Analysis, 중단Disruption)

대표적인 사례로는 방송사와 금융회사를 타깃으로 했던 **3.20 전산망 장애**와 이란의 원자력 발전소를 공격한 **스턱스넷**Stuxnet, 첨단 IT 기업을 표적화한 **오퍼레이션 오로라**Operation Aurora가 있습니다.

이러한 공격은 다양한 측면에서 탐지 및 분석이 필요합니다. **탐지 기술**에는 정규화 분석을 통한 **이메일 스캐닝**(Email Scanning, 이상 패턴 및 행위를 분석하는 **평판/행위** 분석, 패킷의 내부 정보를 확인하는 **DPI**Deep Packet Inspection, ● #032), 실행을 통해 다각화 분석하는 **샌드박스**Sandbox 등을 이용합니다. 또한, **분석 기술**로는 디컴파일Decompile, 메모리 포렌식, 퍼징Fuzzing, 동적오염분석Taint Analysis, 프로토콜 분석, 로그 분석, 시계열 분석 등을 이용합니다.

이러한 탐지 및 분석 기술을 연동하여 다단계 방어 체계를 구성하고 능동적 지능 서비스를 제공하여 효율적으로 **대응**할 수 있습니다.

#062 비즈니스 스캠
Business SCAM

한 줄 요 약 기업 이메일 계정을 도용하여 무역 거래 대금을 가로채는 사이버 범죄

공격자는 APT처럼 표적화하여 집중적인 공격을 가해 도대체 무엇을 얻고자 할까요? 최근에는 금전적인 이득을 얻기 위한 공격이 대부분입니다. 그렇다면 최소의 노력을 통해 최대의 금전적인 이득을 낼 수 있는 공격은 무엇일까요? 바로 **비즈니스 스캠**입니다.

비즈니스 스캠 Business SCAM은 무역 당사자 간의 이메일을 해킹하여 거래 진행 상황을 지켜보다가 결제 시점에 바이어에게 결제 은행이 변경되었다는 메일을 송부하고 결제 대금을 가로채는 수법을 말합니다.

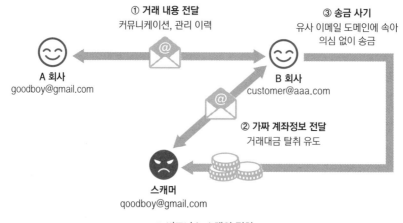

▲ 비즈니스 스캠의 절차

기업 입장에서는 제대로 확인하지 않은 송금 한 번으로 막대한 손해를 보게 됩니다. 굴지의 대기업조차 피해를 보았습니다.

스캠의 공격 방식은 어떻게 진행될까요? 보통은 4단계의 공격 절차에 따라 수행됩니다.

1. **이메일을 통한 감염**: 스팸 메일이나 **스피어 피싱**Spear Phishing을 통해 악성코드를 감염시키고 이메일 주소를 획득합니다.

2. **유사 이메일 생성**: 알파벳 추가 삭제, 정렬, 글자 변환, 서버 변경과 같은 이메일 형태를 생성합니다. (**예** xxx@happy.com –> xxx@hapy.com)

3. **거래 진행 중개**: 가짜 이메일을 이용하여 무역 당사자 사이에 끼어들어 이메일을 전달합니다. (**예** 맨 인 더 미들Man in the Middle 형태의 중간자 공격)

4. **거래 체결 시 변경**: 거래 진행 상황을 지켜보다가 결제 단계에서 바이어에게 결제계좌 변경을 통지합니다. (**예** 이메일 스푸핑)

이러한 공격 과정을 통해서 공격자는 손쉽게 금전을 취득할 수 있습니다. 그러면 회사는 어떻게 비즈니스 스캠에 대응해야 할까요?

관리적인 방법으로는 이메일 주소를 꼼꼼하게 확인하는 **이메일 주소 확인**, 상급자 결재 및 내부 재확인의 절차를 밟는 **결재 프로세스**, 주기적 훈련을 통해 임직원의 의식을 높이는 **APT 메일 훈련**이 있습니다.

기술적인 방법으로는 전화와 이메일, 문자와 이메일과 같이 두 가지 이상의 방법을 조합하는 **멀티채널**Multichannel **인증**, 실제 전달된 IP를 확인하는 **오리진**Origin **IP 확인**, 중간자가 확인할 수 없도록 **암호화 메일을 전송**하는 방법이 존재합니다.

영향력이 큰 비즈니스 스캠의 경우에는 별도의 기술적인 대응보다는 기본적으로 임직원에 대한 **보안 의식 고취**를 통한 **사용자의 주의**가 가장 먼저 필요합니다.

#063 사이버 킬 체인

Cyber Kill Chain

한줄요약 해킹을 하기 위한 연결된 7단계의 공격 모델, 공격 단계 중 하나만 끊어져도 방어에 성공하는 방식

APT나 비즈니스 스캠과 같이 지능화된 다양한 공격 방식이 존재합니다. 이러한 공격 방식을 어떻게 방어해야 할까요? 보통은 다계층 방어Multi Layered Protection라고 불리는 여러 솔루션의 조합을 통해서 방어합니다. 이러한 솔루션을 통해서 위협을 탐지/대응하는 방식으로는 **사이버 킬 체인**이 있습니다.

사이버 킬 체인 Cyber Kill Chain은 사이버 공격을 프로세스 기반으로 분석하여 각 단계에서 가해지는 위협 요소를 파악하고 공격을 완화하기 위해, 공격할 때 쓰는 방법을 **7단계**로 정의한 사이버 공격 분석 모델을 말합니다. 공격의 단계를 파악하여 그중 **연결고리** 하나만 끊어도 공격이 더 이상 진행할 수 없음을 이용한 방어 방식이라고 할 수 있습니다.

사이버 킬 체인의 **공격 단계**는 총 7단계로 구성됩니다.

1. **정찰**Reconnaissance: 공격 목표와 표적에 대해서 자세하게 조사/선정하는 과정입니다. (**예** 이메일, 크롤링, 사회공학)
2. **무기화**Weaponization: 자동화 도구를 이용하여 실제 공격에 이용할 무기를 준비하는 과정입니다. (**예** 악성 프로그램, 트로이 목마)

3. **배달**Delivery : 표적화된 공격 목표에 사이버 무기를 유포합니다. (**예** 이메일 첨부, DBD Drive By Download(◯ #064), 이동식 저장 장치)

4. **익스플로잇**Exploitation : 준비된 사이버 무기를 통해 취약점을 작동시켜 목적에 따라 악용합니다. (**예** CVE, OS/앱 취약점)

5. **설치**Installation : 지정된 공격 목표에 악성 프로그램을 설치합니다. (**예** 트로이 목마 설치)

6. **명령**Command & Control : 지정된 공격 목표에 원격 조작이 가능한 채널을 구축합니다. (**예** 관리자 권한 획득, 명령어 전달)

7. **행동**Action : 정보 수집 & 시스템 파괴 등과 같은 공격을 수행합니다. (**예** 시스템 파괴, 데이터 유출, DDoS 공격)

이와 같은 연결된 공격을 통해 공격자는 초기에 계획했던 목표를 이룰 수 있습니다. 반대로, 보안을 수행하는 주체는 어떻게 **대응**해야 할까요? 각 단계로 연결되는 공격을 하나라도 끊을 수 있다면 다음 단계를 수행할 수 없을 것입니다. 그 대응 방안에 대해서 알아볼까요?

순서	단계	대응 방안
1단계	정찰	웹 분석, ACL, 패킷 필터링
2단계	무기화	로그/프로세스 모니터링, 오용탐지
3단계	배달	패턴 매칭, 비정상 탐지 차단, 망 분리
4단계	익스플로잇	DEP(Data Execution Prevention), 인증서
5단계	설치	내/외부망 별도 방화벽 구축
6단계	명령	고의적 응답 지연, 패킷 분석
7단계	행동	허니팟 유인, SIEM 로그 감사

제대로 준비하지 않은 공격자가 취약점을 이용해 한 번에 해킹하는 것은 사실상 불가능합니다. 따라서 유입의 여러 단계에 대한 확인이 필요합니다.

#064 DBD

Drive By Download

한 줄 요 약   최초의 익스플로잇 이후에 해킹 도구를 외부로부터 다운로드하는 공격 기법

사이버 킬 체인의 여러 공격 단계 중에서 배달 단계의 성공 여부가 실제 악성 프로그램의 설치 여부를 가릅니다. 특히, 배달 단계에서 잘못되면 실제 공격 대상은 공격을 인지하지도 못하는 경우가 많습니다. 이러한 공격의 핵심적인 역할인, 배달 단계에서의 대표적인 공격 방법이 DBD입니다.

DBD Drive By Download 는 웹 브라우저나 플러그인, 브라우저에서 동작하는 컴포넌트의 취약성을 악용하여 사용자가 인지하지 못하는 사이에 악성 소프트웨어가 사용자 PC에 다운로드되도록 하는 공격 기법을 말합니다.

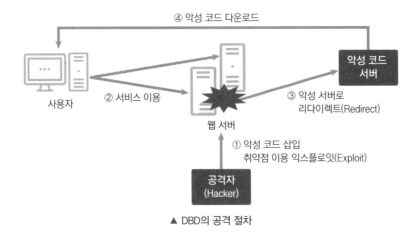

▲ DBD의 공격 절차

이용자가 서비스를 이용할 때 공격자가 미리 심어 둔 **익스플로잇**Exploit에 의해 해킹되어 추가 공격 도구를 **다운로드**합니다. DBD가 성공하기 위한 **상세 절차**는 다음과 같습니다.

1. **취약점 공격**: 취약한 웹서버에 악성 프로그램을 삽입하여 몰래 기능을 수행하도록 미리 준비합니다. (예 익스플로잇)
2. **이용자 방문**: 이용자가 평소에 방문하던 웹사이트에 방문하여 인지하지 못한 상태로 취약점을 수행합니다. (예 자바스크립트, 쿠키)
3. **자동연결**Redirect: 악성 프로그램에서 이용자가 모르게 자동으로 해커가 사전에 준비한 사이트에 접속합니다. (예 악성 URL, 악성 IP)
4. **악성 프로그램 다운로드**: 이용자의 PC에 악성 프로그램을 설치하여 좀비 PC로 감염시키고 은닉합니다. (예 코드 변형)

DBD는 최근 가벼운 익스플로잇 이후에 연계시키는 공격의 형태로 많이 사용되는 한편, 공격자를 더욱 예리하게 만드는 방법으로도 이용됩니다.

기업 측면에서의 대응 방법과 이용자 측면에서의 대응 방법을 살펴보겠습니다.

기업 측면의 대응 방법으로는 바이러스 백신처럼 패턴 매칭을 통해 메타 정보를 **정적 분석**하거나, 에뮬레이션, 가상머신을 통해 실제 환경과 같이 구성하여 테스트를 통해 **동적 분석**을 합니다.

이용자 측면의 대응 방법에는 플러그인이나 사용되는 **소프트웨어를 최신화**하거나 스마트 필터링, 평판 조회, 웹 필터링과 같은 **추가 검증 수단**을 이용하는 방법이 있습니다.

#065 피싱 & 스피어 피싱
Phishing & Spear Phishing

한 줄 요 약 피싱: 거짓 이메일이나 전화를 이용하여 사용자를 속여 개인정보, 금융정보를 획득하는 해킹 기법

스피어 피싱: 표적화하여 개인의 관심사 및 지인을 사칭하여 메일을 열게 유도하는 해킹 기법

범죄의 비율이 가장 큰 사이버 공격은 무엇일까요? 뉴스에서도 많이 나오고 실제로 여러분이나 부모님들도 한 번씩은 받아봤을 만한 공격, 바로 **피싱**입니다. 거짓 통장이 만들어져서 범죄에 이용되었다고 협박하며, 실제 개인정보나 금융정보를 빼앗아가는 공격 방식이죠.

피싱Phishing은 개인정보와 낚시의 합성어로, 금융/공공기관을 가장해 전화나 이메일 등을 발송해 가짜 사이트로 접속을 유도하여 개인의 금융기관 카드 정보나 계좌 정보를 빼앗는 기법을 말합니다.

| 메일, 문자 발송 | 링크된 사이트 클릭 | 위장 사이트 금융정보 입력 | 입력된 정보로 사기 행위 |

▲ 피싱의 절차

비즈니스 스캠처럼 유사한 이메일, 유사한 도메인, 이메일 별칭을 사칭하거나, 단축 URL을 이용하거나 팝업 창을 띄우게 됩니다.

이러한 피싱 공격은 전화+메일과 같은 두 가지 채널을 이용하는 **2채널 인증**이나 국제 전화 등에 대한 **사전 알람**, 비정상 금융 거래를 탐지하는 FDS_{Fraud Detection System}(🔵 #100)를 통해 대응합니다.

피싱도 상대를 표적화해서 공격하는 **스피어 피싱**으로 진화되었습니다. 스피어 피싱_{Spear Phishing}은 직장동료나 친구, 가족을 사칭한 이메일 사기 기법으로 특정인을 대상으로 ID, 비밀번호를 획득하여 정보를 획득하는 해킹 기법을 말합니다.

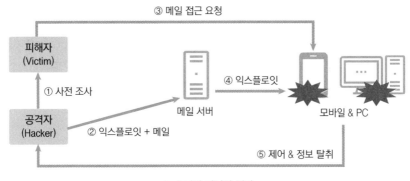

▲ 스피어 피싱의 절차

피해자의 관심사를 사전에 조사한 후 관심을 가질 만한 내용의 악성코드 메일을 보내서 주요 정보를 탈취하는 방식입니다. 이런 모든 피싱 공격에 대한 원천적인 방어 기법으로는 발신자 확인이 필수입니다.

#066 파밍
Pharming

한 줄 요 약 DNS(도메인 이름 변환) 이름을 속여 이용자들을 가짜 사이트로 유도하여 개인정보를 훔치는 기법

기본적인 피싱은 사실 본인만 주의하면 어느 정도는 막을 수 있습니다. 기술적인 공격이긴 하지만, 공격이 실제로 이뤄지려면 사용자의 **행위 유도**가 필수적이기 때문입니다. 그러나 이미 공격을 당해서 **파밍**이 된 경우는 이용자가 주의를 기울여도 당하기 쉽습니다. 그 이유는 이용자의 인지가 쉽지 않기 때문입니다.

파밍Pharming은 DNS 탈취 또는 DNS 이름을 속여 이용자들을 가짜 사이트Fake Site로 유도하여 개인정보를 빼 가는 해킹 기법을 말합니다. DNS는 간단히 말해 www. naver.com을 컴퓨터가 이해할 수 있는 IP 주소(11.12.13.14)로 바꿔 주는 것을 말합니다.

DNS가 침해를 당한 경우에는 이용자 입장에서는 인지를 못 하는 경우도 많기 때문에 침해 여부를 알기가 쉽지 않습니다. 이용자는 주소창에서 정확한 주소 abc.com을 넣고 Real Site(1.1.1.1)로 연결되기를 기대하지만, 실제로는 Fake Site(2.2.2.2)로 연결되기 때문입니다. 이용자가 주의를 기울여 실제 브라우저에서 주소도 잘 입력했었고 실수한 것이 없는데도 가짜 사이트로 유도하기 때문에 속수무책일 수밖에 없습니다.

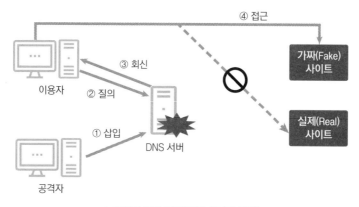

④ 접근

③ 회신

② 질의

이용자

① 삽입

DNS 서버

공격자

가짜(Fake)
사이트

실제(Real)
사이트

▲ 파밍의 공격 절차(서버 측면의 공격)

파밍은 **DNS 주소가 변경**되거나 **도메인 정보가 침해**되는 **서버 측면의 공격**이나 **호스트 파일을 변조**하거나 **DNS 서버 IP가 수정**되는 **클라이언트 측면의 공격**이 선행되어야 성공할 수 있는 공격 방법입니다.

일반적인 주의 정도로는 검증하기가 쉽지 않은 파밍에 대해서는 어떻게 **대응**해야 할까요? 일정 시간마다 변경되는 OTP를 이용하여 2차 인증을 **수행**하고, 웹서버 인증서를 통해 **웹사이트를 검증**하며, **신뢰할 수 있는 사이트** 목록으로 등록하여 브라우저로 확인하는 방법이 있습니다.

DNS를 지정된 인원만 변경할 수 있도록 관리하는 **화이트리스트**WhiteList 기반으로 운영하며, 도메인 등록 대행을 수행하는 기관에 **도메인 잠금** 기능을 수행할 수도 있습니다. 또한, 별도의 DNS 레코드에 대한 전자 서명 검증을 통해 DNSSECDomain Name System SECurity Extensions을 이용하여 파밍에 대응할 수도 있습니다. 이렇게 기술적인 공격뿐만이 아닌, 미리 함정을 파 놓고 빠지기를 기다리는 방법도 존재합니다.

#067 워터링 홀
Watering Hole

한 줄 요 약 사이트에 악성코드를 심고 배포하는 URL로 자동으로 유인하는 공격 방식
(aka 덫)

파밍, 피싱과 같은 다양한 방식의 기술적인 공격 유형에 관해서 알아봤습니다. 스피어 피싱같이 공격자가 능동적인 공격을 수행하는 방식도 존재하지만, 반대로 미리 **덫**을 준비해 놓고 방문자가 평소처럼 했을 때 공격을 가하는 방법도 존재합니다. 바로, **워터링 홀**입니다.

워터링 홀 Watering Hole은 공격 대상이 방문할 가능성이 있는 합법적 웹사이트를 미리 감염시킨 뒤 잠복하면서 피해자의 컴퓨터에 악성 프로그램을 추가로 설치하는 공격 기법을 말합니다. 즉, 사자가 물 웅덩이에 매복해서 먹잇감을 기다리다가 공격하는 것과 같이 미리 덫을 놓는 것입니다.

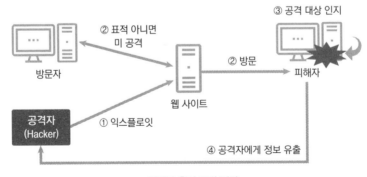

▲ 워터링 홀의 공격 절차

제로데이0-Day 취약점과 같은 컴퓨팅 환경의 취약점을 노린 대규모의 표적형 공격 수법으로 많이 사용되고 있습니다. 공격당한 웹사이트는 사실 취약한 환경 때문에 공격 도구로 이용되었지만, 피해자이면서 가해자가 되어 도덕적 비난을 받는 특이한 상황에 처하게 됩니다.

공격 방법은 다음과 같습니다. 초기에 공격 대상이 주로 방문하는 신뢰하는 사이트를 선정하여 취약점이 있는지 확인하고 **정보를 수집**합니다. 그리고서 공격 가능한 코드를 제작하여 악성코드를 삽입하여 공격 시스템을 구축합니다. 그리고 특정 IP의 접속에 대해서만 악성코드가 수행되게 합니다. 이어 기업 내부에 침입하여 외부에 존재하는 공격자의 서버로 통신하게 합니다.

공격자가 워터링 홀을 하는 **이유**는 크게 두 가지입니다.

첫 번째는 **불특정 다수**를 공격하기 위해서 방문자가 많은 웹사이트에 취약점을 이용한 악성코드를 심을 수 있는 경우입니다. 두 번째는 직접적인 악성코드 유입이 **쉽지 않을** 경우, 공격 타깃이 스스로 악성코드를 다운로드하도록 유인하기 위해서입니다.

대응 방안으로는 자주 방문하는 사이트라도 보안 설정을 유지하는 **인식 교육**을 수행하거나, 백신 업데이트와 같이 **보안 솔루션 최신화**를 유지하거나, 위협 상황 가시성을 확보하는 분석 기술을 사용합니다. 또한, 24×365의 상시 **관제 모니터링** 체계를 구축하거나, 서버를 **논리적/물리적 망 분리**를 함으로써 공격으로 인한 직접적인 피해가 없도록 합니다.

> **Tip** **스피어 피싱과 워터링 홀**
>
> 이메일 등에 대한 내부 사용자의 방어가 부족하면 **스피어 피싱**을 이용하고, 내부 방어 체계가 잘되어 있으면 사용자 자신의 약점을 유도하는 **워터링 홀**을 이용합니다.

익스플로잇 vs. 안티바이러스

Exploit vs. Anti-Virus(Vaccine)

한 줄 요 약 익스플로잇: 프로그램의 취약점을 이용해 권한을 상승시키는 명령어

안티바이러스: 패턴을 통해 악성코드를 분석, 탐지하는 소프트웨어

스피어 피싱, DBD, 워터링 홀 등과 같은 거의 모든 공격 기법에서 나온 용어가 있었습니다. 무엇일까요? 기억나시나요? 취약점을 이용해 권한을 상승시키는 **익스플로잇**입니다.

익스플로잇 Exploit 은 소프트웨어, 하드웨어 등의 버그 혹은 제조, 프로그래밍 과정에서 발생한 취약한 부분을 이용하여 공격자가 의도한 동작이나 명령을 실행하도록 만든 명령어나 공격 행위를 말합니다.

만약 익스플로잇이 되지 않는다면, 실제 취약점이 공격에 이용되지 않을 것입니다. 취약점이 존재하더라도 별도의 **권한 상승**이나 공격자가 의도한 명령을 수행할 수 없다면, 취약점이 아닌 **단순 버그**에 지나지 않을 것입니다. 취약점을 익스플로잇 코드까지 발전시켰다면 매우 위험한 공격 도구가 될 수 있습니다.

익스플로잇에는 다양한 유형이 있습니다. 실행 위치에 따라 자체 PC를 공격한다면 **로컬 취약점 공격**, 공격자 PC에서 실행되어 타인의 PC를 공격한다면 **원격 취약점 공격**으로 나뉩니다. 이용되는 취약점에 따라서 BOF Buffer OverFlow , CSRF Cross Site Request Forgery , XSS Cross-Site Scripting 와 같은 다양한 취약점이 이용됩니다. 공격자가 생각하는 목적에

따라서 무결성을 침해하는 **EoP**Elevation of Privilege, 가용성을 침해하는 **DoS**Denial of Service, 기밀성을 침해하는 **스푸핑**Spoofing이 존재합니다. 또한, 패치 여부에 따라 **0-Day(미공개)**와 **1-Day(미패치)**로 나뉠 수 있습니다.

이러한 익스플로잇은 기본적으로 **백신**이라고 불리는 **안티바이러스**에 의해서 차단되고 탐지됩니다.

안티바이러스Anti-Virus는 소프트웨어에 포함된 악성코드의 패턴을 탐지하여 오작동을 막아주는 기능을 하는 보안 소프트웨어를 말합니다. 우리가 많이 아는 안랩의 V3, 이스트소프트의 알약, 해외의 카스퍼스키Kaspersky 안티바이러스 등이 모두 이러한 안티바이러스, 바로 **백신**의 유형입니다.

기본적인 1-Day 공격처럼 이미 분석된 공격은 대부분 이러한 안티바이러스에서 차단할 수 있습니다. 백신의 기본적인 동작 원리는 동일한 형태의 패턴이 존재하면 확인 후 차단하는 방식입니다. 0-Day와 같이 알려지지 않은 익스플로잇이 갑자기 발생한다면 어떻게 대응해야 할까요? 그 대응책으로 EDR이 존재합니다.

EDREndpoint Detection & Response은 엔드 포인트(PC/단말기)에서 발생하는 행위를 확인하여 실시간으로 통제하고 대응하는 솔루션입니다. 단순하게 서명을 비교하는 것뿐만이 아닌 **IOC**Indication Of Compromise, 침해 지표를 통해 침해 가능 여부, 빅데이터 분석, 행위 분석, 평판 조회를 연계하여 실시간으로 먼저 차단하는 솔루션입니다. 이러한 특성으로 인해 오탐이 일부 존재하지만, 서명이 없는 0-Day 공격도 대응할 수 있습니다.

Tip ┃ **완벽한 EDR이 존재한다면…**

인공지능 기술을 이용하여 엔드 포인트에서 모든 악성코드를 완벽히 차단하고 방어할 수 있다면, 그 어떤 환경에서도 공격자의 악성 행위나 침해는 일어나지 않을 것입니다.

한 줄 요 약 패킷을 캡처하여 중간에서 확인하는 공격 기법

파밍, 스피어 피싱, 워터링 홀, 익스플로잇 등의 경우는 대부분 능동적인Active 공격 기법입니다. 그러다 보니 공격자들의 흔적도 많이 남고 실제로도 추적 시에 '**각종 공격 기법 = 다양한 흔적**'이 남아 역추적 시에도 많이 활용됩니다. 그러나 수동적인Passive 공격도 있습니다. 이러한 공격들은 실제 피해자가 공격당하는 것도 잘 인지하지 못한 채 성공하는 경우가 많습니다. 흔적도 거의 남지 않습니다. 대표적인 유형으로는 **네트워크 스니핑**이 있습니다.

네트워크 스니핑 Network Sniffing은 네트워크에서 자신이 아닌 다른 상대방의 패킷 교환을 엿듣는 도청을 말합니다.

간단히 말해서 **도청**입니다. 남의 패킷(통화)을 엿듣고 몰래 그 정보를 이용하는 행위입니다. 일단, **암호화가 안 된 통신**(HTTP)은 너무 쉽습니다. 무선의 경우는 같은 대역 대에서 그냥 **무차별 수집**(Promiscuous Mode)을 수행하면 모든 패킷의 내용을 그냥 볼 수 있습니다. 그렇다면 **암호화된 통신**(HTTPS)은 어떨까요? 중간자 형태로 공격자가 껴서 **암호화/복호화/암호화**의 과정을 반복하면 됩니다. 이해가 잘 안 되나요? 예를 들겠습니다. 공격자가 스타벅스에서 **거짓 와이파이**를 생성해서 이름을 'Starbucks 1F'라고 만듭니다. 당연히 공개된 와이파이로 하거나 암호는 정말 스타벅스의 암호와 동일하게 할 것입니다. 그러면 사람들은 아무런 의심도 하지 않고 해당 거짓 와이

파이에 접속해서 인터넷을 사용할 것입니다. 그러면 공격자는 통신 시에 키를 바꿔서 본인의 키로 넣고 암호화 – 복호화 – 암호화를 수행하는 중간자 공격을 수행할수 있게 됩니다.

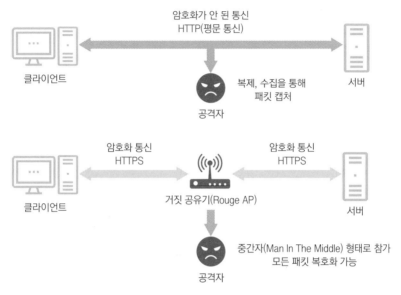

▲ 네트워크 스니핑의 공격 방식

이러한 공격들은 **미러링 포트**(모든 트래픽을 복제), **Switch Jamming**(스위치 MAC 테이블을 넘치게 해 전체 전달), **ICMP/ARP Redirect**(다른 곳으로 전달), **ARP Spoofing**(MAC을위조하여 G/W로 위장)과 같이 다양한 방식으로 이뤄집니다.

이러한 공격에 **대응**하기 위해서는 어떤 방식을 써야 할까요? 개인적인 대응 방법은**공공 AP를 신뢰하지 않는 것**입니다. 중요한 데이터는 집이나 개인 핸드폰 등을 이용해서 사용하는 것이 좋습니다.

기업 수준의 대응 방법으로는 존재하지 않는 **MAC에 패킷 송신**, 스니퍼의 특성으로 역 질의 방식인 **역방향 DNS 룩업**Inverse DNS Lookup**을 탐지**, 거짓 ID/PW를 통한 유인책으로 **디코이**Decoy, 인증서를 확인하는 **SSL 통신**, MAC 테이블을 감시하는 **ARP 워치**Watch까지 다양한 방식으로 대응할 수 있습니다.

#070 세션 리플레이, 하이재킹
Session Replay, Session Hijacking

한 줄 요 약 | 세션 리플레이: 패킷 순서나 명령어를 캡처, 조작, 재연하는 공격
세션 하이재킹: 타인의 세션 상태를 훔치거나 도용하는 공격

네트워크 스니핑을 통해 패킷을 가져왔다면 어떻게 이용해서 공격할까요? 그냥 아이디나 비밀번호가 보이는 경우는 가져와서 바로 이용도 가능하겠죠. 다행인 것은 그렇게 공격하려면 준비 작업이 많이 필요하다는 것입니다. 공격자는 좀 더 쉬운 방식을 이용합니다.

아이디와 비밀번호를 얻지 못해도 이용 가능한 임시적인 인증 상태인 **세션**이라는 정보를 활용합니다. **세션**Session은 일시적으로 얻은 사용자와 서버의 활성화된 접속을 말합니다.

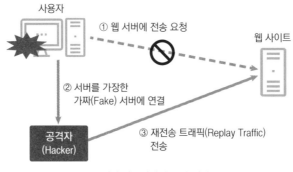

▲ 세션 리플레이의 공격 절차

이러한 세션 정보를 **재사용, 연결 가로채기** 등을 통해 공격자가 마치 일반 이용자인 것처럼 위장하여 행동합니다. 이렇게 세션을 재사용하는 공격을 **세션 리플레이**라고 합니다. **세션 리플레이**Session Replay는 패킷의 순서나 애플리케이션 명령어를 캡처, 조작, 재연하는 것으로, 공격에 쿠키, 자바스크립트, 액티브엑스 등을 사용하여 공격하는 방식을 말합니다.

웹서버에 허용된 행위를 이용자가 했을 때 공격자는 메시지를 가로채서 원하는 타이밍에 반복적인 행위를 하는 것입니다. 예를 들어, 외부의 공격자가 피해자의 웹캠을 통해 영상 정보를 받아오는 명령어를 복제하여 원하는 시간에 마음껏 이용할 수 있다면, 피해자의 집은 24시간 공격자의 감시에 놓이게 될 것입니다.

세션 토큰Session Token, OTP, 난숫값Nonce, 시간 정보Timestamp 등을 통해서 이러한 세션 리플레이 공격에 대응할 수 있습니다.

세션 하이재킹이라고 불리는 연결을 가로채는 방식도 존재합니다. 세션 하이재킹Session Hijacking은 TCP 통신 중에 RST 패킷(Reset)을 보내 일시적으로 TCP 세션을 끊고 시퀀스 넘버(순서 정보)를 새로 생성하여 세션을 탈취하고 인증을 회피하는 공격을 말합니다.

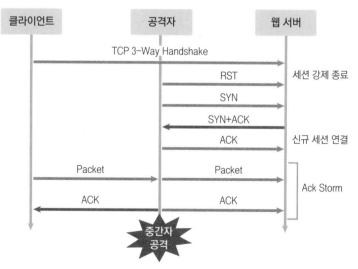

▲ 세션 하이재킹의 공격 절차

#071 OWASP TOP 10
Open Web Application Security Project TOP 10

한 줄 요 약 비영리기관인 OWASP에서 발표하는 웹 애플리케이션 취약점 TOP 10

세션 리플레이, 하이재킹 등과 같은 공격들은 기본적으로 **웹** 환경에서 많이 발생합니다. **네이버, 구글, 카카오**와 같은 대부분의 플랫폼도 역시 웹으로 제공되고 있습니다. 가장 많이 사용하고 가장 많이 공격받는 웹에 대해 누군가 정리해서 잘 구성하지 않았을까요? 비영리기관 OWASP에서 Top 10을 뽑아 정리한 자료가 있습니다.

OWASP_{Open Web Application Security Project} TOP 10은 웹 애플리케이션 보안 프로젝트에서 웹에 관한 정보 노출, 악성코드 및 취약점 등을 연구하여 4년에 한 번씩 발표하는 10대 웹 취약점을 말합니다.

10가지로 분류해서 해당 **공격**과 **대응 방안**에 대해서 정리하였습니다. **2017년**에 분류된 내용에 대해서 알아보겠습니다. (아래는 순위 순입니다.)

1. **인젝션**Injection : 신뢰할 수 없는 데이터가 명령어나 질의문의 전송을 통해 오동작을 유도하는 공격입니다. (**예** 블라인드 SQL 인젝션, 매스 SQL)
   (**대응 방안**: 데이터와 명령어의 분리, 입력값 공통 필터링 적용)
2. **취약한 인증**Broken Authentication : 인증 및 세션 관리의 암호키, 세션 토큰의 노출을 통해 타인의 권한을 획득합니다. (**예** 하이재킹)
   (**대응 방안**: 2Factor 인증, Admin 계정 미사용, 강력한 비밀번호)

3. **민감한 데이터 노출**Sensitive Data Exposure : 금융정보, 건강 정보, 개인 식별 정보 등의 취약한 데이터를 획득/변조합니다. (예 스니핑, MITM)

   (**대응 방안**: 데이터 분류 및 통제, 암호화, Salt 기반 해시)

4. **XML 외부 개체**XML External Entities, XXE : XML 문서 내에서 외부 개체 참조를 통해 내부 파일 공유, 원격 코드를 실행하는 방식입니다. (예 외부 참조)

   (**대응 방안**: 개발자 교육, 입력값 검증, JSON 처리, SOAP 1.2 이용)

5. **취약한 접근 통제**Broken Access Control : 작업에 대한 제한의 미적용으로 다른 사용자의 계정에 접근하는 공격입니다. (예 직접 접근)

   (**대응 방안**: ACL의 구성, 접근 제어 감사)

6. **잘못된 보안 구성**Security Misconfiguration : 취약한 기본 설정, 에러 메시지 등의 설정 실수를 이용한 공격 방식입니다. (예 에러 노출)

   (**대응 방안**: 안전한 설치, 불필요한 기능 최소화)

7. **XSS**Cross-Site Scripting : 브라우저에서 스크립트를 실행시켜 사용자 세션을 탈취/변조하는 공격입니다. (예 Reflected XSS, Stored XSS)

   (**대응 방안**: XSS 자동 필터링 도구, 스마트 스크린, HTML & 인코딩 변환)

8. **안전하지 않은 역직렬화**Insecure Deserialization : 원격 코드 실행, 권한 상승, 재생 공격 등의 비 순차 공격입니다. (예 주입, 재생 공격)

   (**대응 방안**: 직렬화된 객체 미허용, 원시 데이터 유형만 허용)

9. **알려진 취약점이 있는 구성 요소**Using Components with Known Vulnerability : 알려진 취약점을 악용하는 공격입니다. (예 CVE, CWE)

   (**대응 방안**: 패치 관리 시스템, 불필요한 기능 제거, 구성 변경 모니터링)

10. **불충분한 로깅 및 모니터링**Insufficient Logging and Monitoring : 사고 시에 로그 정보가 부족하고 관리가 되지 않아 추적이 불가능한 문제점입니다. (예 개인사업자 사이트)

    (**대응 방안**: 통합 로그 관리 솔루션(ESM, SIEM, NMS))

위와 같은 공격들에 의해서 지속적인 침해 사고가 발생하고 있는 만큼 기업과 개인이 스스로 주의해서 이용해야 할 것입니다.

#072 XSS vs. CSRF

Cross-Site Scripting vs. Cross-Site Request Forgery

한 줄 요 약   XSS: 스크립트를 수행하여 쿠키 정보, 사용자의 정보를 전송하여 탈취하는 공격

CSRF: 스크립트를 수행하여 사용자의 권한으로 공격자가 원하는 동작을 수행하는 공격

앞에서 웹 공격에 대해 정리한 OWASP에 대해서 알아보았습니다. 그중 대표적인 공격인 2017년도에 일곱 번째에 랭크된 XSS와 2014년도에 여덟 번째에 랭크된 CSRF에 대해서 자세히 알아보겠습니다.

XSS Cross-Site Scripting 는 게시판이나 메일 등에 악의적인 스크립트를 삽입하여 비정상적인 페이지가 보이게 해 다른 사용자의 사용을 방해하거나, 쿠키나 개인정보를 특정 사이트로 전송하는 공격입니다. 대표적인 방식으로 Stored XSS와 Reflected XSS가 있습니다.

Stored XSS는 미리 외부 웹서버에 악의적인 코드를 심어 놓고 유도하여 공격하는 방식이며, Reflected XSS는 악성 URL을 보내서 클릭 시 피해자의 정보를 유출하는 공격입니다. 이외에 DOM 기반 취약점을 이용한 DOM Document Object Model XSS도 존재합니다.

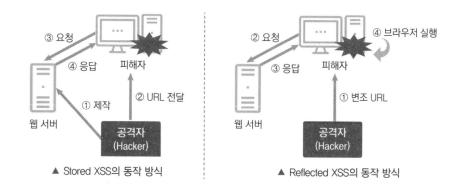

▲ Stored XSS의 동작 방식   ▲ Reflected XSS의 동작 방식

CSRF_{Cross-Site Request Forgery}는 사용자의 쿠키 값이나 세션 정보를 의도한 사이트로 보내거나 특정한 동작을 유발하는 스크립트를 글에 삽입하여 게시물을 클릭하면 원하는 동작을 실행하게 하는 공격입니다.

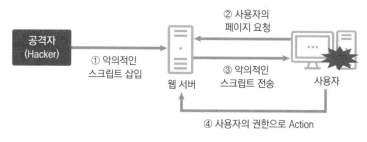

▲ CSRF의 공격 절차

XSS와 달리 단순 정보 유출에 국한되지 않고 사용자의 연결된 세션을 이용해 **원하지 않는 행위를 유도**하는 방식의 공격입니다.

이 두 가지의 공격에 대한 **대응 방안**은 다음과 같습니다. 쿠키의 미사용, 특수문자의 제한, '〈'과 '〉'를 '<'와 '>'로 HTML 변환 처리, replaceall()을 통한 스크립트 금지, 스마트 스크린, CSRF 토큰 사용, OTP 인증, 주요 페이지에 추가 인증, 리퍼러_{Referer} 체크 등이 있습니다.

#073 SQL 인젝션

SQL Injection

한 줄 요 약 데이터베이스의 쿼리를 수행시켜서 알 수 없는 정보를 알아내거나 인증을 우회하는 공격

OWASP에서 Top 1이 무엇이었는지 기억나시나요? 다시 찾아보지 않고 퀴즈를 통해서 맞추어 보는 것은 어떨까요? 악의적인 사용자가 악의적인 데이터를 마구 주입해 오동작을 유도하는 공격은? 바로, 인젝션입니다. 그중에서도 가장 많이 시도되면서 가장 성공률도 높은 공격 기법이 **SQL 인젝션**입니다.

SQL 인젝션SQL Injection은 웹 애플리케이션의 입력 파라미터를 변조한 후 삽입하여 데이터베이스의 비정상 접근 시도, 쿼리Query 변조를 통해 정보의 열람, 파괴 등을 수행하는 공격 방식입니다.

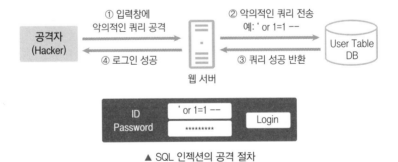

▲ SQL 인젝션의 공격 절차

가장 기본적인 SQL 인젝션의 사례는 바로 로그인 창과 같이 사용자의 입력을 받는 채널을 통해 악의적인 쿼리문을 주입하여 우회하는 방법입니다. **' or 1 = 1 --**을 통해 어떻게 공격을 할 수 있냐고요? 보통 예전의 로그인 창은 이런 형식의 쿼리를 이용하여 조회합니다.

```
select 1 from Member
    where ID = 'input_id' and PASSWORD = 'input_password';
```

여기서 말하는 input_id와 input_password는 실제 사용자가 입력한 아이디와 비밀번호를 가져옵니다. input_id의 변수에 위와 같은 값이 들어온다면 어떻게 하면 될까요?

```
select 1 from Member
    where ID = '' or 1 = 1 --' and PASSWORD = '******'; 이하 주석
```

SQL 쿼리문을 배운 분은 알겠지만, 아이디를 비교하는 앞부분과 비밀번호를 비교하는 뒷부분을 무시하고 **무조건 1=1**인 참값을 조건으로 하는 쿼리문을 수행하게 됩니다.

그렇다고 실제로 해보시면 안 됩니다. 반드시 테스트 시스템에서만 해보시기 바랍니다. 보안 섹션의 첫 장에서 말씀드렸던 바와 같이 **보안**과 **해킹 공격**의 가장 큰 차이점은 **윤리 의식**의 존재 여부입니다. 사전에 허가받지 않은 모의 해킹은 **처벌**을 받을 수도 있음을 명심하시기 바랍니다.

SQL 인젝션을 막기 위해서 웹 로그, 취약점 진단, 테이블 확인, 저장된 SQL 프로시저Stored Procedure 이용, PreparedStatement 클래스(입력되는 값을 변수로 지정) 이용 등 다양한 방법이 활용됩니다.

#074 DoS & DDoS

Denial of Service & Distributed Denial of Service

DoS: 서버가 불능에 빠지도록 자원을 고갈시키는 공격

DDoS: 좀비 PC 등 다수의 클라이언트로 서비스 거부를 시키는 공격

제일 효율적인 XSS, 제일 많이 사용되는 SQL 인젝션, 그런데 사람들이 가장 많이 아는 공격 기법은 무엇일까요? 컴퓨터를 전공하시거나 보안을 전공하는 분들은 다양한 답변을 하겠지만, 비전공자들은 이것으로 모입니다. 바로, DDoS디도스입니다. 여기서는 DDoS와 DDoS의 원조 격인 DoS도스까지 알아보겠습니다.

DoS Denial of Service는 서버의 자원을 고갈시켜 정상적인 서비스 요청에 응답하지 못하도록 서버를 서비스 불능 상태에 빠지게 하는, 가용성에 대한 공격 기법을 말합니다.

1명의 공격자가 몇 개의 패킷으로 공격하여 서버가 해석을 오인하게 만들어 동작하지 않도록 하는 방식이 가장 일반적입니다. 정보보안기사 시험에서도 많이 출제되는 유형들로, 완료되지 않는 헤더를 전송하는 Slowloris슬로로리스, 전송 크기인 Content-Length콘텐츠 길이 값을 크게 하고 1바이트씩 바디Body 데이터를 송부하는 RUDY루디, 큰 패킷을 전송하여 OS를 마비시키는 Ping of Death죽음의 핑, 패킷의 길이를 헤더의 길이보다 작게 전송하여 우회하는 Tiny Fragmentation작은 단편화, 출발지와 목적지가 같은 IP로 무한 반복에 빠지게 하는 Land Attack랜드 어택, 패킷 재조합 시 중복과 같은 오류

를 유도하는 Tear Drop티어 드롭, ICMP 응답 기반의 공격인 Smurf스머프까지 다양한 방식으로 서버 공격을 수행합니다.

그러나 서버가 **최신 패치**로 업데이트되고, IPS와 같은 네트워크 장비가 발전하면서 이러한 공격도 성공률이 줄어들게 되었습니다. 하지만, 방어 기술이 발전하는 만큼 공격 기술도 진화하고 있습니다. 이제는 혼자가 아닌 여러 명이 공격을 수행합니다. 여러 명의 해커가 동시에 공격하냐고요? 이것도 가능은 하겠지만, 보통은 1명의 해커가 여러 개의 좀비 PC를 취득하고 이들을 조종하여 공격합니다. 바로, DDoS 공격이라고 불리는 방식입니다.

DDoS Distributed Denial of Service 는 여러 좀비 PC를 통해 무의미한 서비스 요청을 반복해서 보내 특정 시스템의 자원을 소모시키는, 서비스 가용성을 저하하는 공격 기법을 말합니다.

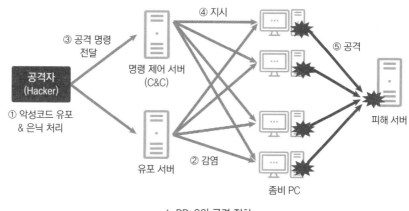

▲ DDoS의 공격 절차

DoS가 1개의 공격자 PC라면, DDoS는 명령 & 제어Command & Control 서버를 통해 여러 대의 감염된 좀비 PC(본인이 공격하는지도 모르는 피해자 PC)를 이용해서 서버에 반복 요청을 하고, 마침내 서비스를 못하도록 만드는 무서운 기법입니다.

DDoS 인지 & 대응 방안
DDoS Identification & Containment

한줄요약 인지: 공격받는 시점에 보안/운영 담당자의 공격 확인
대응: 인지 이후에 공격을 방어하기 위한 실질적 처리

대규모의 트래픽으로 구성된 DDoS 공격이 발생하게 되면, 사전 준비가 없는 보안 담당자는 우왕좌왕하면서 아무것도 하지 못하고 그저 지켜만 보게 됩니다. 그래서 보안 담당자라면 반드시 DDoS 대한 **인지 및 대응 방안**을 숙지하여야 합니다.

DDoS 인지 방안으로는 다음과 같은 정보에 대한 확인이 필요합니다.

1. **유입 트래픽 크기**Incoming Traffic Volume : 패킷 분석 장비, 방화벽, IDS 등의 보안 & 네트워크 장비를 통해 유입 트래픽의 크기가 비정상으로 증가될 때 공격 발생을 확인합니다.

2. **웹서버 접속 로그**Web Server Access Log : 서버의 접속 로그를 확인하여 비정상으로 접속이 증가되는지를 확인합니다. (**에** 메인 페이지 등 특정 페이지에 대한 지속적 요청 여부)

3. **동시접속 정보**Concurrent Connection : 웹서버와 클라이언트가 유지하고 있는 연결 규모를 확인하여 연결되는 세션의 수를 확인합니다.

4. **유입 트래픽 샘플링 캡처**Incoming Traffic Sampling Capture : 웹서버 운영 망으로 유입되는 트래픽을 적절히 샘플링하고 실제 트래픽을 분석하여 DDoS 공격 여부를 검증합니다.

이처럼 다양한 방식의 확인을 통해 공격이 시작됨을 확인하면 이후에 DDoS에 대한 실질적인 **대응 방안**을 수행하여야 합니다. 대응하는 시점에 따라서 **사전 준비**와 **사후 대응**이 있습니다.

1. 사전 준비

기업 자체: 공격을 유도하는 **허니팟**Honey Pot 구성, 서열 및 시퀀스를 추출하여 비교하는 **사이버 게놈 분석**Cyber Genome Analysis, 비정상 IP를 차단하는 **블랙홀 라우팅**Blackhole Routing, 거짓 Syn을 차단하는 **씬 프록시**Syn Proxy, 연결 자체 성능을 늘리는 **연결요청 대기 큐**Backlog Queue 증가, **안티-디도스**Anti-DDoS 제품 설치 등이 있습니다.

정부 연계: 실시간 대응 체계인 KrCert 대응 체계 수립, KISA & 금융보안원 등과 같이 트래픽을 우회하는 **사이버 대피소**, 해커가 조종하지 못하도록 악성 봇과 해커의 명령/제어 서버 간의 연결을 차단하는 DNS **싱크홀**, 각종 정부의 공격 정보를 수신하는 C-TAS 연계 등을 이용할 수 있습니다.

2. 사후 대응

기업 자체: 일정량의 트래픽 이외에 나머지를 차단하는 **QoS**Quality of Service, 공격에 대비한 가용 시설을 준비하는 **DR**Disaster Recovery 센터, 요청 수신 용량을 늘리는 **웹서버 증설**, 별도의 콘텐츠를 제공하는 **CDN**Content Delivery Network, 공격자를 속이는 **디셉션**Deception 등을 구축하는 방법도 있습니다.

정부 연계: 공격자 역추적 기술을 통한 경찰이나 KISA에 **수사 요청**, **사이버 탄력성**Cyber Resilience 등을 구성하는 방법이 있습니다.

Tip **DDoS의 효율적인 처리 방법**

기업의 힘만으로 DDoS에 대응하는 것은 한계가 있으니 정부 지원 기관(KISA, 금융보안원), 인터넷 제공자와 같이 대응해야 합니다.

#076 DNS 보안
DNS Security

한 줄 요 약 DNS 서비스를 보호하는 방안 & 기법

DDoS와 같이 가용성을 공격하는 공격은 서비스 자체를 망가뜨리기 때문에 보안만의 대응을 넘어 서비스 측면에서 인프라도 함께 대응해야 합니다. 이러한 가용성의 영역 중 영향력이 가장 큰 곳이 존재합니다. 바로, **DNS**입니다.

DNS Domain Name Service 는 네트워크에서 도메인이나 호스트 이름을 숫자로 된 IP 주소로 해석해 주는 TCP/IP 네트워크 서비스로, 사람이 기억하기 어려운 인터넷 IP 주소 대신 문자로 구성된 이름을 사용할 수 있도록 하는 명칭 체계를 말합니다.

DNS는 **프로토콜 측면**과 **서버 취약점 측면**에서 다양한 취약점이 있습니다.

1. **프로토콜 측면**: UDP 특성상 출발지 IP의 변조가 쉬움, 외부에 노출된 인터페이스, 운영하는 DNS의 변경 불가, UDP 53포트 이용으로 플러딩 Flooding 이 가능하다는 취약점이 존재합니다.

2. **서버 취약점 측면**: 처리 가능한 쿼리의 수가 한정적, 다수의 도메인 설정에 따른 DDoS의 공격 목표, 다수 트래픽의 집중지로서 문제가 될 시에 전체가 망가지는 **SPoF** Single Point of Failure 의 포인트, 정상과 비정상을 구분하는 필터링이 불가능하다는 취약점이 존재합니다.

이러한 다양한 취약점에 따른 공격 또한 다양합니다. 프로토콜 특성을 이용한 공격 방식으로는 잘못된 주소 레코드를 침투시키는 **DNS 캐시 포이즈닝**Cache Poisoning, 무작위로 생성된 하위 도메인을 추가 질의하는 **DNS 랜덤 도메인**Random Domain, UDP 53번 포트로 다른 프로토콜 터널링을 수행하는 **DNS 터널링**Tunneling이 존재합니다. 또한, 서버 취약점을 이용한 공격 방식으로는 요청보다 훨씬 큰 크기의 응답을 제작하는 **DNS 증폭**Amplification, 감염된 여러 장비에 DDoS 공격을 사용하는 **봇넷**Botnet **공격**, 오픈소스 기반의 DNS를 공격하는 **DNS 취약점 공격** 등이 있습니다.

이러한 DNS 공격은 대응하기가 상당히 까다롭습니다. 그러나 불가능한 것은 없죠. 당연히 취약점과 같은 분류인 프로토콜 측면과 서버 취약점 측면에서의 **대응 방법**도 존재합니다.

1. **프로토콜 측면**: 네트워크 여러 곳에 **분산된 DNS** 서버를 만드는 스크러빙 센터Scrubbing Center 형태의 DNS를 운영, 별도의 **외부 DDoS 대응 서비스**와 연계하여 다층Multi-Layered 필터링, 전자 서명 기술을 이용한 DNSSEC도 가능합니다.
2. **서버 취약점 측면**: 공격자 IP가 식별된다면 직접 차단하는 **블랙홀 라우팅**Blackhole Routing, 정해진 임계치 이상의 요청을 차단하는 **비율제한**Ratelimit, 웹 로그를 분석하여 실시간 ACL을 이용한 **블랙리스트** 처리로도 대응할 수 있습니다.

특히, DNSSEC은 DNS에 대한 신뢰성을 인증하고, 송수신 데이터에 대한 무결성을 제공하기 위해 만들어진 DNS 확장 표준 프로토콜을 말합니다. (전자 서명으로 전송, 수신자가 공개키로 검증하는 방식)

#077 허니팟
Honey Pot

한 줄 요 약

실제로 공격을 당하는 것처럼 보이게 하여 정보를 수집하고 공격자를 유인하는 시스템

공격자들은 고도화된 방법으로 끊임없이 각 기업의 보안 담당자를 괴롭힙니다. 그러면 반대로 보안 담당자/보안 전문가들이 공격자들을 괴롭히는 방법은 없을까요? 공격을 당한 것처럼 만들어서 유인하는 방법이 있습니다. 바로, **허니팟**이라고 불리는 기술입니다.

허니팟Honey Pot은 공격자를 유인하려는 의도로, 실제 서비스는 실행되지 않고 해당 서비스를 이용할 수 있는 것처럼 꾸며 놓은 컴퓨터 시스템을 말합니다.

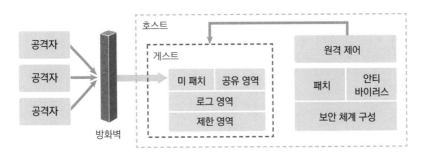

▲ 허니팟의 동작 원리

공격자들에게 지정된 **게스트**Guest만 접근할 수 있도록 열어 주고 공격 기법이나 유형을 수집하여 실제 방어에 이용하는 방식입니다. 이렇게 유인된 공격자는 어느 곳이 허니팟이고 어느 곳이 실제 시스템인지를 알 수가 없습니다.

공격자로서는 처음에는 참 좋습니다. Patch도 되지 않고, **공유 폴더**도 열려 있고, 취약점도 다수 존재하는 시스템이 그들에게는 매력적으로 보일 것입니다. 그러나 실은 모두 **덫**Trap으로 만들어 놓은 것들입니다.

공격자가 공격하는 패턴을 분석하여 이용한 취약점 패치를 PMSPatch Management System를 통해 실시간으로 수행하고, 방화벽으로 이용되는 포트를 차단하며, **샌드박스**Sandbox를 통해 수집된 값으로 실시간 **차단 시그니처**Signature을 생성할 것입니다. 이러한 방식을 통해 공격자는 실제 공격 목표인 내부 시스템에서는 막상 아무것도 할 수가 없어집니다.

이러한 허니팟은 기본적으로 서버 위주인 **서버 허니팟**Server Honey Pot과 사용자 입장인 **클라이언트 허니팟**Client Honey Pot으로 분류됩니다. 그러나 최근에는 단순하게 만들어 놓고 기다리는 게 아닌 능동적으로 실제 방문하는 **액티브 허니팟**도 존재합니다.

액티브 허니팟 Active Honey pot은 지능형 에이전트를 통해 여러 URL을 **방문**하여 해당 사이트에서 배포하는 **악성코드를 다운로드**하고, URL을 저장하는 악성코드를 사전 수집하며, 자동으로 대응하기 위한 능동적 허니팟을 말합니다. 간단히 말해, 보안 패치가 안 된 가상머신들이 URL을 돌아다니며 침해 사고 사이트에 접속해서 실제 사고 시에 일어날 **케이스를 수집**하는 방식입니다.

#078 템퍼 프루핑 & 워터마킹

Tamper Proofing & Watermarking

한 줄 요 약 템퍼 프루핑: 위/변조를 감지하여 실제 이상 시에 프로그램을 오작동하게 처리하는 기술

워터마킹: 디지털 콘텐츠에 비가시적인 문자, 이미지 등을 삽입하는 기술

공격자가 시스템에 침투하기 시작하면 무엇을 많이 할까요? 공격 수행? 아닙니다. 일단, 자신을 숨긴 후 주위에 사용자가 쓰는 소프트웨어인 것처럼 위장해야 합니다. 이렇게 악성 프로그램이 위장을 시도할 때 대응하는 방법이 있습니다. **템퍼 프루핑**처럼요.

템퍼 프루핑 Tamper Proofing은 템퍼링Tampering, 부정 조작 검출 시스템을 통하여 소프트웨어에 적용된 위/변조를 감지하고 소프트웨어가 오작동하도록 만드는 기술을 말합니다. 즉, 누군가 몰래 수정하는 것을 탐지하는 방식입니다.

▲ 템퍼 프루핑의 개념도

공격자들이 본인의 악성 프로그램을 숨기기 위해서 일반적으로 사용하는 소프트웨어에 수정을 시도하면, 프로그램을 망가뜨려서 이용자가 실제로 이용할 때 악용되지 않도록 하는 방식입니다.

템퍼 프루핑을 구성하는 **주요 기술**은 다음과 같습니다. ① **생성을 위해서** 일정한 크기의 문자열을 생성하는 **해시 함수**, 배포 시에 이용자의 정보를 추가하는 **핑거프린트**Fingerprint, 저작물에 별도의 표시를 추가하여 변조를 방지하는 **워터마킹**을 이용합니다. 또한, ② **외부의 공격을 방어하기 위해서** 각 소프트웨어의 메시지 다이제스트Message Digest, 검증 값를 비교하는 **소프트웨어 원본 비교**, 수행 시점에 프로그램을 동적 내용을 비교하는 **프로그램 체킹**Program Checking, 암호화 및 난독화를 구현하는 **실행코드 난독화**Obfuscation와 같은 방식을 이용해서 소프트웨어의 안전성을 확보합니다. 이 중 가장 많이 사용되는 **워터마킹**Watermarking은 디지털 콘텐츠 원본에 저작권자의 특정 표시를 삽입하여 콘텐츠 이용자에게 해당 콘텐츠의 사용에 불편을 주지 않으면서 복제를 방지하는 저작권 보호 기술을 말합니다.

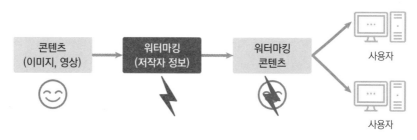

▲ 워터마킹의 개념도

특히, 이미지나 영상에 저작권자 정보를 나타내는 식의 경고도 가능합니다.

▲ 워터마킹의 사례

#079 시점별 보안 활동

Security Action Cycle, SAC

조직의 정보보호 수준 유지 및 향상을 위한 공격의 인지 시점에 맞는 정보 보안 행위

공격자가 공격을 시작하기 전에 미리 방어책을 갖추는 것이 가장 좋습니다. 그러나 모든 공격을 사전에 통제할 수는 없기 때문에 공격을 인지하는 시점에 따라 통제 방안이 준비되어야 합니다. 그것을 바로 **시점별 보안 활동**이라고 합니다.

시점별 보안 활동 Security Action Cycle, SAC은 조직의 정보보호 수준을 유지하기 위한 조직, 인력, 프로세스, 기술을 통한 **예방, 탐지, 저지, 교정**하는 활동을 말합니다.

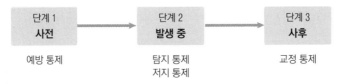

▲ 시점별 보안 활동의 절차

공격을 인지하는 시점이 사전이라면 **예방 통제**, 발생하는 시점이라면 **탐지 통제**와 **저지 통제**, 발생 이후의 사후 처리라면 **교정 통제**가 있습니다.

1. **예방**Preventive **통제**: 문제/사고가 발생하는 것을 사전에 방지하는 행위를 말합니다. (ⓔ 방화벽, 암호화, WIPS, IAM, AAA, DRM, 보안 정책 수립, 보안서약서, 업무 분리, 보안 경비, 출입통제, 자물쇠 등)

2. **탐지**Detective **통제**: 발생한 위협을 탐지하여 문제점을 찾아내서 발생을 보고하는 행위를 말합니다. (ⓔ IDS, 감사Audit 로그, ESM, SIEM, 모니터링, 탐지 센서, 경보 등)

3. **저지**Deterrent **통제**: 문제/사고가 발생한 경우 위협의 통제 조치를 보완하거나 문제점을 제거하는 행위를 말합니다. (ⓔ DLP, USB 보안, IPS, 필터링, 법/제도, 모의훈련, CCTV, 담장, 경보 시스템 등)

4. **교정**Corrective **통제**: 위협의 영향을 최소화하여 문제의 근본적인 조치 및 원인을 파악/정정하는 행위를 말합니다. (ⓔ 백신, NAC(네트워크 접근 제어), BCP 수립, 백업/복구, DRM 센터, UPS, 전력 이중화 등)

Tip **전체의 분류 기법, MECE vs. LISS**

보통은 예방, 탐지, 저지, 교정이나 기술, 관리, 물리와 같이 전체를 누락하지 않고 구분하는 방식을 MECE나 LISS라고 말합니다.

- MECE: 중복, 빠짐없는 전체의 분류(ⓔ 남자, 여자)
- LISS: 상호 독립적인 중요한 것들의 집합(ⓔ 10대, 20대, 30대)

MECE: Mutually Exclusive Collectively Exhaustive

LISS: Linearly Independent Spanning Set

#080 사이버 표적 공격 역추적 기술
Advanced Persistent Threat Traceback

한줄요약 해커들의 공격을 실시간으로 추적해서 공격자를 분석하고 추적하는 기법

공격을 **인지하는 시점**에서 담당자들은 어떻게 대응해야 할까요? 단순하게 보안 솔루션만 믿고 대응을 해야 할까요? 아닙니다. 가능한 모든 수단과 방법으로 좀 더 명확한 대응을 수행해야 합니다. 당연히 보안 전담기관에 신고하는 것도 필수적인 방안 중의 하나일 것입니다. 그렇다면 보안 전담기관은 어떻게 공격자를 확인할 수 있을까요? 바로, **공격 역추적 기술**을 이용합니다.

사이버 표적 공격 역추적 기술 Advanced Persistent Threat Traceback은 공격 시스템의 위치와 해킹을 시도하는 해커의 위치가 서로 다르다 하더라도 실제 해커의 위치, 즉 공격의 근원지를 추적할 수 있는 기술을 말합니다. 대표적으로 다음의 세 가지 방식이 있습니다.

1. **IP 역추적**: 비연결 지향성 통신 방식을 이용하여 공격당한 시스템에 남겨진 로그를 분석하여 공격자의 위치를 추적하는 기술입니다. (**예** 확률적 마킹, iTrace, Hop-by-Hop, Overlay 기반 등)
   패킷이 전송되는 과정에서 사전에 역추적 정보를 생성하여 패킷에 삽입하여 전달하는 **전향적 방식**과 피해 시스템에서 해킹 트래픽이 연결된 공격 경로 홉Hop 단계를 추적하는 **대응적 방식**이 있습니다.

2. **TCP 연결 기반 역추적**: TCP 통신 방식의 특성을 이용하여 연결 지향성 통신 방식에서 사용되는 역추적 기술입니다. (ⓔ Timing-Based, Thumb Printing, Caller-ID 등)

    인터넷에 분산 설치된 트래픽 모니터링 장비를 이용하여 역추적을 수행하는 **네트워크 연결 추적 기법**과 해킹 공격의 경유지로 이용되는 호스트를 직접 역추적에 참여시키는 방법인 **호스트 연결 추적 기법**이 있습니다.

3. **애플리케이션 기반 역추적**: 애플리케이션에 발생하는 고난이도의 APT 공격 등에 대응하기 위해 호스트의 CPU나 메모리 로그 등을 이용하여 역추적하는 기술로, 침해 대응에 많이 사용되는 기법입니다. (ⓔ 메일 추적기, RAT 도구 탐지, Volatility, Ida 분석, 액티브엑스 분석 등)

    웹 브라우저나 PC 프로세스 및 메모리의 악성코드를 분석하는 **논플러그인**Non-Plugin **기반 방식**과 웹 브라우저나 OS 등에 부가적으로 동작하는 **플러그인**Plugin **기반 방식**이 존재합니다.

대표적인 **기술 레벨의 방법** 중 몇 가지에 대해 알아보겠습니다.

- **확률적 마킹**은 라우터가 전달하는 패킷의 변경 가능 필드에 주소 정보를 마킹하여 전달하는 기법입니다.
- **Timing-Based 기법**은 양방향 트래픽의 특별한 타이밍 분석을 통해 추적을 수행하는 기법입니다.
- **RAT 도구 탐지**는 다양한 원격 관리 도구에 대한 실시간 탐지를 통해 역추적하는 기법입니다.

#081 시큐어 코딩

Secure Coding

한 줄 요 약 소스 코드를 작성하는 구현 단계에서 보안 취약점을 제거하기 위한 개발 방법

지금까지 여러 해킹 공격에 대한 대응 방법에 대해서 알아보았습니다. 그러나 제일 중요한 것은 공격당할 취약점을 만들지 않는 것입니다. 맨 처음 배웠던 대로 R=VAT-C라는 공식에서 V인 취약점이 존재하지 않는다면, 위험인 R 역시 존재할 수 없기 때문입니다. 이러한 취약점을 제거하는 가장 쉬운 방법은 개발 시에 보안 활동을 수행하는 것입니다. 이를 **시큐어 코딩**이라고 합니다.

시큐어 코딩 Secure Coding 은 안전한 소프트웨어 개발을 위해 소스 코드 등에 존재할 수 있는 잠재적인 보안 약점을 제거하고, 보안을 고려한 설계 & 구현을 통해 소프트웨어 개발 과정에 실행되는 일련의 보안 활동을 말합니다.

간단히 말하면, 취약점을 발생시키지 않는 개발 방법입니다. 대표적으로는 KISA에서 제작하고 지속해서 발전시킨 〈소프트웨어 개발 보안 가이드〉가 있습니다. 2019년 11월 버전 기준으로 말씀드리겠습니다. 시큐어 코딩은 시점에 따라 사전 **설계 단계**(총 20개)와 실제 개발을 수행하는 **구현 단계**(총 47개)로 나뉩니다.

설계 단계는 본격적인 개발을 진행하기 전에 설계 산출물을 기반으로 확인하는 단계로, 사용자와 프로그램의 입력에 의해 발생하는 취약점을 제거하는 **입력 데이터 검증**

및 표현, 접근 제어, 권한 관리, 비밀번호 설계 취약점을 제거하는 **보안 기능**, 에러 & 오류 상황의 불충분한 사전 정의로 데이터를 유출하는 **에러 처리**, 세션 간 데이터 공유/미허가 사용자 접근/만료 시간 미산정으로 인한 약점을 제거하는 **세션 통제**가 있습니다.

구현 단계는 개발하는 프로그램 코드를 이용해 직접적인 보안 약점을 제거하는 단계입니다. 정보보안기사에서도 자주 출제되는 문제입니다. 앞글자를 따서 '**입시**에서 A 맞기는 **캡 에러**운 거 **보코**'라고 외우기도 합니다.

1. **입력 데이터 검증 및 표현**: 검증 누락/부적절한 검증/잘못된 형식을 검증합니다. (**예** XSS, SQL 인젝션 등)

2. **보안 기능**: 보안 기능(인증, 접근 제어, 기밀성, 암호화 등)의 설정 미흡을 제거합니다. (**예** 중요 정보 평문 저장, 하드 코딩된 비밀번호 등)

3. **시간 및 상태**: 병렬 프로세스나 스레드 환경에서 부적절한 취약점을 제거합니다. (**예** 경쟁 조건, 종료되지 않은 반복문 또는 재귀함수)

4. **에러 처리**: 처리하지 않거나 불충분하게 처리한 에러를 제거하여 관리합니다. (**예** 부적절한 예외 처리, 오류 상황 대응 부재)

5. **코드 품질**: 복잡한 소스, 가독성 저하, 코드 오류로 인한 보안 취약점을 제거하여 관리합니다. (**예** 널 포인터Null Pointer 역참조)

6. **캡슐화**: 중요 데이터 불충분한 캡슐화로 비인가자 접근이 허용되는 것을 방지합니다. (**예** 퍼블릭 메서드로부터 반환된 프라이빗 배열)

7. **API 오용**: 의도된 용도에 맞지 않는, 보안에 취약한 API를 사용하는 것을 방지합니다. (**예** DNS 룩업에 의존한 보안 결정)

#082 시큐어 SDLC

Secure Software Development Life Cycle

한 줄 요 약 개발 단계뿐만이 아닌 소프트웨어 개발 시 생명주기 전 단계에 보안을 적용하는 기법

시큐어 코딩은 **설계**와 **구현 시점**에 사용하는 취약점을 제거하기 위한 보안 활동입니다. 그렇다면 다양한 소프트웨어 개발 생명주기에 적용 가능한 보안 활동은 없을까요? 시큐어 코딩보다 발전된 형태인 **시큐어 SDLC**가 있습니다.

시큐어 SDLC Secure Software Development Life Cycle 는 기존 개발 보안의 한계를 극복하고, 취약점 대응 및 비용 효율적 보안 적용을 위하여 SDLC 전 영역에 대응하는 전반적인 보안 기술을 말합니다.

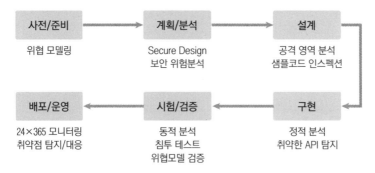

▲ 시큐어 SDLC의 단계별 보안 기술

사전/준비 단계의 정량적 위협을 계산하고 대응 조치를 계획하는 방식인 **위협 모델링**부터 계획/분석 시 필수 보안 설계 원칙을 준수하여 산출물을 도출하는 과정인 **시큐어 디자인**, 설계 시 시큐어 코딩 가이드에 따른 소스 코드를 검토하여 수정하는 **샘플 코드 인스펙션**, 구현 시기에 자동화 보안 도구를 이용하여 취약점을 점검하는 **정적 분석**, 시험/검증 시기에 실제 모의 해킹과 같은 테스트를 수행하는 **동적 & 침투 테스트**, 운영 시에 항시 공격에 대한 실시간 대응을 수행하는 **24×365 모니터링**까지 전 과정에서 보안 활동을 수행하여 프로젝트의 안전을 보장하는 방식입니다.

이러한 시큐어 SDLC는 보안이 고도화되는 여러 기업에서 많이 사용되고 있습니다. 소스 코드에 집중된 기술 위주인 시큐어 코딩에서 실제 공격 가능 여부까지 판단하는 큰 관점인 시큐어 SDLC로 기업의 관심도 바뀌어 가고 있습니다.

시큐어 SDLC의 **유형**에는 여러 가지가 있습니다. 개발 초기부터 보안 강화를 목적으로 구현된 최초의 보안 SDLC인 **CLASP 방법론**, 마이크로소프트에서 보안성 강화를 목적으로 개발한 7단계의 보안 프로세스로 구성된 업계의 사실상 표준De Facto의 **MS-SDL**, 보안의 표준 프로젝트 OWASP에서 개발한 개방형 F/W인 **Open SAMM**, 예측 가능하게 개발된 소프트웨어의 보안을 개선하기 위한 **TST 시큐어**까지 여러 유형의 SDLC를 이용하여 취약점 제거 그 이상의 보안 활동을 수행합니다. 특히, **MS-SDL**의 경우는 기본 원리인 **SD3+C**(Secure By Design, Secure by Default, Secure by Deployment, Communications)를 지키고, 다양한 도구/기법을 이용해서 절차 & 프로세스를 정의합니다.

▲ MS-SDL 방법론(출처: 마이크로소프트)

#083 정적 분석 vs. 동적 분석
Static analysis vs. Dynamic analysis

한 줄 요 약
정적 분석: 소스 코드 기반의 구조적 취약점을 분석하는 기술
동적 분석: 소프트웨어 실행 시 변수를 확인하며 취약점을 분석하는 기술

산출물을 가지고 보안 활동을 하는 시큐어 SDLC에서 가장 효율적이면서 실제로도 가장 효과적인 방법은 무엇일까요? 구현 시기의 **정적 분석**과 시험/검증 시기의 **동적 분석**이 그 방법입니다.

정적 분석 Static Analysis은 소프트웨어가 실행되지 않는 환경에서 소스 코드의 의미를 분석하여 소프트웨어 결함을 찾아내는 분석 기법을 말합니다. 다른 말로는 **화이트박스**Whitebox **테스트**라고 합니다(**예** Fortify, Sparrow).

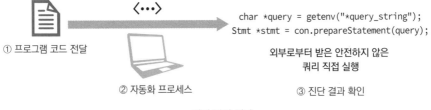

① 프로그램 코드 전달

〈...〉

```
char *query = getenv("*query_string");
Stmt *stmt = con.prepareStatement(query);
```

외부로부터 받은 안전하지 않은
쿼리 직접 실행

② 자동화 프로세스　　　　　③ 진단 결과 확인

▲ 정적 분석 절차

시큐어 코딩 가이드 기반의 취약 항목 존재를 확인하는 **소스 코드 분석**이나 인터페이스 & 함수 호출의 구조적 취약점을 분석하는 **시멘틱 분석**, 역공학 분석 도구를 이용한 **바이너리 구조 분석** 등이 존재합니다.

동적 분석 Dynamic Analysis은 소프트웨어가 실행 중인 환경에서 소스 코드보다는 실행 과정에서의 다양한 입/출력 데이터의 변화 및 사용자 상호 작용에 따른 변화를 점검하는 분석 기법을 말합니다(⚙ Appscan, OWASP ZAP).

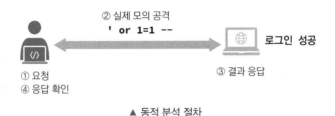

▲ 동적 분석 절차

실행 시 발생하는 취약/이상 현상을 탐지하는 **행위 탐지 기법**, 가상화 환경에서 직접적인 실행을 통해 이상 현상을 분석하는 **샌드박스 기법**, 실제 화이트 해커가 직접 진단하는 **모의 해킹** 등이 존재합니다.

비교	정적 분석	동적 분석
점검 대상	프로그램 소스 코드	실제 애플리케이션
평가 기술	기존의 패턴 비교	HTTP 메시지의 변경 점검
점검 단계	애플리케이션 개발 시점	애플리케이션의 운영 시점
결과	소스의 라인별 결과 표시	요청/응답에 따른 결과

Tip 정적 분석과 동적 분석의 비교

한 가지 방법으로는 분석의 한계가 있어서 상호 보완적인 차원에서 함께 많이 사용합니다.

정보보안 인물 열전(세계적인 해커)

① 리처드 스톨만(Richard Stallman)

해커의 원조라고 불리는 사람은 바로 리처드 스톨만 입니다. 하버드 졸업 이후 MIT에 근무하면서 소프 트웨어가 사적 재산으로 인정받는 것을 반대하며 무 료 소프트웨어 재단을 창설하게 됩니다. 1980년대에 GNU GNU's Not UNIX 를 만들게 되고, 이후 현재 최고의 OS 중 하나인 리눅스 시스템을 무료로 배포하며 현재 의 공개형 S/W의 기틀을 마련하였습니다. 컴퓨터와 네트워크 등에 대한 탐구를 즐기는 사람이라는 해커의 원래 뜻에 가장 가까운 해커 입니다.

② 케빈 미트닉(Kevin Mitnick)

미국 출신의 대표적인 해커로서, 펜타곤, 국가안보 국 NSA, 모토로라 등 다양한 전산망을 해킹한 혐의로 95년에 구속되었으며, 이후 감옥에서도 해킹을 시도 할 정도로 해킹광으로 알려져 있습니다. 그 때문에 석 방 이후에도 3년간 컴퓨터를 사용하거나 소유하는 것 은 물론 휴대폰 등을 이용한 인터넷까지도 금지하는 특이한 보호관찰을 받은 인물입니다. 이후 생각을 고 쳐먹고 보안 컨설턴트로 활동하고 있습니다. 해킹을 악용하면 처벌을 받는다는 것을 대표적으로 보여준 사례입니다. 사전에 허가받지 않은 해킹은 범죄임을 명심하시면 좋을 것 같습니다.

SECTION

6

법률

주요 내용

보안을 하는 필수적 이유, 기업에서 보안을 수행하게 만드는 원동력인 각종 국/
내외 보안 관련 주요 법률을 알아보겠습니다.

- 국내 기준
  법률 & 개인정보 법률 체계 Law & Privacy Legal System
  개인정보 Privacy
  개인정보보호법 Personal Information Protection Act
  개인정보 안전성 확보 조치 기준(제29조)
  개인정보 처리 방침의 수립 및 공개(제30조)
  개인정보영향평가 Privacy Impact Assessment, PIA
  정보통신망법 정보통신망 이용 촉진 및 정보보호 등에 관한 법률
  개인정보의 기술적 · 관리적 보호조치 기준(제29조)
  정보보호 및 개인정보보호관리체계 인증 ISMS-P

- 국제 기준
  정보보호관리체계 ISO27001
  GDPR General Data Protection Regulation

#084 법률 & 개인정보 법률 체계

Law & Privacy Legal System

한 줄 요 약

법률: 국가의 강제력을 수반하는 사회 규범

개인정보 법률 체계: 개인정보를 관리하는 법률의 유형 체계

여러분들이 다니거나 다닐 회사들은 왜 보안을 지키기 위해서 노력할까요? 돈이 충분해서? 보안에 대한 의식이 출중해서? 이미지가 중요해서? 여러 이유가 있겠지만, 제일 일반적인 이유는 **법률**에서 강제하기 때문입니다. 이런 **법률**은 어떻게 구성될까요?

법률Law이란 국회에서 법률이라는 형식으로 제정한 규범을 말합니다. 우리가 일반적으로 말하는 법은 법률을 말합니다. 법 체계의 경우에는 단순하게 법률만을 말하지 않습니다. 가장 상위법인 **헌법**부터 **규칙**까지의 전부를 법의 **체계**로 인지합니다.

▲ 법 체계의 유형

개인정보를 기준으로 각 유형에 대해 매핑해 보겠습니다.

국민의 기본권을 보장하는 최고법은 **헌법**이며, 국회에서 법률이라는 형식으로 제정한 규범인 **법률**은 **개인정보보호법**이며, 행정 입법(囫 대통령령으로 지정)에 의한 **명령**은 **개인정보보호법 시행령**이며, 지방자치단체(교육청, 도청) 등의 지방의회에서 지정된 **조례**로 구성한 **개인정보보호에 관한 조례**, 지방자치단체의 장이 지정한 **규칙**인 **개인정보보호에 관한 규칙**이 있습니다.

법률에는 기본적인 **세 가지 원칙**이 존재합니다.

1. **상위법 우선의 원칙**: 한 항목에서 상위법과 하위법이 중복 시에 상위법이 우선하여 적용됩니다.
2. **특별법 우선의 원칙**: 일반법(개인정보보호법)과 특별법(정보통신망법)이 존재 시 특별법이 일반법에 우선 적용됩니다.
3. **신법 우선의 원칙**: 과거의 법과 신규 법이 공존 시에는 신규 법이 기존 법에 우선하여 적용됩니다.

개인정보 법률 체계 Privacy Legal System에서는 **일반법**으로서 전체적인 개인정보보호와 관련한 법률인 **개인정보보호법**과 각 분야의 **특별법**으로서 **교육 분야**의 초/중등 교육에 관련한 사항을 정한 **초중등교육법**, **의료 분야**의 응급 상황에서 신속한 처리를 위한 법률인 **응급의료에 관한 법률**, **금융/신용 분야**의 전자거래의 안전성과 신뢰성을 확보하는 **전자금융거래법**, **정보통신 분야**의 정보통신망을 건전/안전하게 이용하는 환경을 조성하는 법률인 **정보통신망법** 등이 존재합니다.

일반법인 개인정보보호법 위에 분야별 특별법에 따라 각 분야의 특성에 맞는 법률 대응 방안을 구성하고 해당 법률을 지켜야 합니다.

#085 개인정보
Privacy

살아 있는 개인에 대한 식별 가능한 정보

앞에서 법률 체계를 설명하면서 개인정보에 관련 법률에 대해서 많이 알아봤었습니다. 이러한 여러 법률로 보호받는 여러분들의 소중한 **개인정보**에 대해 알아보겠습니다.

개인정보Privacy는 성명, 주민등록번호 등을 통하여 살아 있는 개인을 알아볼 수 있는 정보와 컴퓨터 IP 주소, 이메일 등 다른 정보와 쉽게 결합하여 개인을 알아볼 수 있는 정보를 말합니다. 여러분들을 식별할 수 있는 거의 모든 정보가 개인정보라고 할 수 있습니다.

개인정보보호법 제1장 제2조에서도 용어에 대한 정의를 내렸습니다.

1. '**개인정보**'란 살아 있는 개인에 관한 정보로서 성명, 주민등록번호 및 영상 등을 통하여 개인을 알아볼 수 있는 정보(해당 정보만으로는 특정 개인을 알아볼 수 없더라도 다른 정보와 쉽게 결합하여 알아볼 수 있는 것을 포함한다)를 말한다.
2. '**처리**'란 개인정보의 수집, 생성, 연계, 연동, 기록, 저장, 보유, 가공, 편집, 검색, 출력, 정정, 복구, 이용, 제공, 공개, 파기, 그 밖에 이와 유사한 행위를 말한다.

3. '**정보 주체**'란 처리되는 정보에 의하여 알아볼 수 있는 사람으로서 그 정보의 주체가 되는 사람을 말한다.

4. '**개인정보 파일**'이란 개인정보를 쉽게 검색할 수 있도록 일정한 규칙에 따라 체계적으로 배열하거나 구성한 개인정보의 집합물을 말한다.

5. '**개인정보 처리자**'란 업무를 목적으로 개인정보 파일을 운용하기 위하여 스스로 또는 다른 사람을 통하여 개인정보를 처리하는 공공기관, 법인, 단체 및 개인 등을 말한다.

6. '**공공기관**'이란 다음 각 목의 기관을 말한다.

   가. 국회, 법원, 헌법재판소, 중앙선거관리위원회의 행정사무를 처리하는 기관, 중앙행정기관(대통령 소속 기관과 국무총리 소속 기관을 포함한다) 및 그 소속 기관, 지방자치단체

   나. 그 밖의 국가기관 및 공공단체 중 대통령령으로 정하는 기관

7. '**영상정보 처리기기**'란 일정한 공간에 지속적으로 설치되어 사람 또는 사물의 영상 등을 촬영하거나 이를 유 · 무선망을 통하여 전송하는 장치로서 대통령령으로 정하는 장치를 말한다.

법률상에서 지정하는 개인정보에 대한 내용이므로 **정보보안기사, CPPG**(개인정보관리사)나 **PIA**(개인정보영향 평가)를 공부하는 분이라면 한 번씩 읽어 볼 것을 추천합니다.

그 외에 보호 강도에 따라 분류되는 개인을 고유하게 구별하기 위해 부여된 식별 정보인 **고유 식별 정보**(주민등록번호, 여권번호, 운전면허번호, 외국인등록번호)와 중요한 사생활의 **민감 정보**, 이외 **개인정보**의 등급을 분류하여 기업에서 관리 및 이용합니다.

#086 개인정보보호법
Personal Information Protection Act

개인정보보호를 위한 법체계를 일원화하고 개인의 권익 보호를 강화하기 위한 법

데이터 3법을 통해 정보통신망법이 개정되고, 개인정보 관련 내용을 모두 개인정보보호법으로 이관하는 내용을 포함함에 따라 **개인정보보호법**이 훨씬 중요해지고 있습니다.

개인정보보호법Personal Information Protection Act은 개인정보의 수집 · 유출 · 오용 · 남용으로부터 사생활의 비밀을 보호함으로써 국민의 권리와 이익을 증진하고 개인의 존엄과 가치를 구현하기 위하여 **개인정보의 처리에 관한 사항의 규정**을 말합니다.

총 **9장, 76개 조항**으로 구성됩니다. (2020년 기준)

제1장 총칙: 개인정보보호법의 목적, 정의, 개인정보보호 원칙, 정보 주체의 권리, 국가 등의 책무, 다른 법률과의 관계를 설명

제2장 개인정보보호 정책의 수립 등: 개인정보보호 위원회, 개인정보보호 기본 계획 · 시행 계획 수립, 개인정보보호 지침, 자율 규제의 촉진 및 지원을 설명

제3장 개인정보의 처리: 개인정보의 수집 · 이용 · 제공 등 처리 기준, 민감 정보 · 고유 식별 정보 제한, 영상정보 처리기기 제한 등을 설명

제4장 개인정보의 안전한 관리: 안전 조치 의무, 개인정보보호 책임자, 개인정보 파일 등록 · 공개, 개인정보 영향 평가, 개인정보 유출 통지를 설명

제5장 정보 주체의 권리 보장: 개인정보의 열람, 정정 · 삭제, 처리 정지, 권리 행사 방법 및 절차, 손해 배상 책임을 설명

제6장 개인정보 분쟁 조정 위원회: 분쟁 조정 위원회 설치 · 구성, 분쟁 조정의 신청 방법 · 절차, 집단 분쟁 조정 제도 등을 설명

제7장 개인정보 단체 소송: 단체 소송의 대상, 소송 허가 신청 및 요건, 확정 판결의 효력 등을 설명

제8장 보칙: 적용 제외, 금지 행위, 비밀 유지, 침해 사실 신고, 자료 제출요구 · 검사, 시정 조치, 고발 및 징계 권고, 권한의 위임 · 위탁 등을 설명

제9장 벌칙: 벌칙, 양벌규정, 과태료를 설명

위와 같은 9개의 장으로 구성됩니다. 법이라는 구성상 딱딱하고 처음 접하는 분들은 이해가 잘 안 될 것으로 예상됩니다. 지금은 구성과 이러한 내용이 존재한다는 수준으로만 이해하고 나중에 천천히 읽어 보는 것도 좋은 방법이라고 생각합니다.

좀 더 이해해 보고 싶으시다면, **제1장**은 시작으로서 전체적인 개론과 **정의**를 말해 주며, **제2장**에서 개인정보를 보호하기 위한 계획, 지침을 수립하는 **방안**, 그리고 **제3장**의 처리에서 **상세한 기준**, 그리고 **제4장**에서 개인정보에 대한 **안전한 관리**에 대해서 기술적인 부분의 근거를 마련하고, **제5장**에서 개인정보를 **보장받는 방법**에 대해 기술하며, **제6~7장**에서 **분쟁/소송**에 대한 내용, **제8장**에서 **고발**, **제9장**에서 **벌금**, **과태료**를 언급한다고 생각해도 좋을 것 같습니다.

앞으로 개인정보보호법에서 중요한 내용에 대해 좀 더 알아보겠습니다.

#087 개인정보 안전성 확보 조치 기준 (제29조)

한 줄 요 약 개인정보를 안전하게 지키기 위한 행정 규칙(고시)

개인정보보호법 **제4장 개인정보의 안전한 관리, 제29조 안전 조치의무**에 따라 개인정보를 안전하게 지키도록 기준이 만들어졌습니다.

개인정보보호법 제29조의 안전 조치의무란 개인정보 처리자는 개인정보가 분실, 도난유출, 위조, 변조, 훼손되지 아니하도록 내부 관리 계획 수립, 접속 기록 보관 등 **대통령령**으로 정하는 바에 따라 안전성 확보에 필요한 **기술적 관리적 및 물리적 조치**를 하는 것을 말합니다.

간단하게, 대통령령(개인정보보호법 시행령)에 따라 기술적(IPS, 방화벽, DDoS), 관리적(내부 관리 계획, 접근 권한), 물리적(자물쇠, Cage) 방법을 이용해서 안전하게 개인정보를 지키라는 것입니다.

당연히 법률에서는 세부적인 방법까지 알려 주지는 않습니다. 그러면 시행령(대통령령)으로 지정되는 개인정보보호법 시행령에서는 그 방법까지 알려줄까요? **개인정보보호법 시행령**을 보겠습니다.

[개인정보보호법 시행령 제30조 제1항]

1) 개인정보 처리자는 법 제29조에 따라 다음 각호의 안전성 확보 조치를 하여야 한다.

   1. 개인정보의 안전한 처리를 위한 **내부 관리 계획**의 수립 · 시행

2. 개인정보에 대한 **접근 통제** 및 **접근 권한**의 제한 조치

3. 개인정보를 안전하게 저장 · 전송할 수 있는 **암호화 기술**의 적용 또는 이에 상응하는 조치

4. 개인정보 침해 사고 발생에 대응하기 위한 **접속 기록**의 보관 및 위조 · 변조 방지를 위한 조치

5. 개인정보에 대한 **보안 프로그램**의 설치 및 갱신

6. 개인정보의 안전한 보관을 위한 보관 시설의 마련 또는 잠금장치의 설치 등 **물리적 조치**

2) 행정안전부 장관은 개인정보 처리자가 제1항에 따른 안전성 확보 조치를 하도록 시스템을 구축하는 등 필요한 지원을 할 수 있다.

3) 제1항에 따른 안전성 확보 조치에 관한 세부 기준은 **행정안전부 장관이 정하여 고시**한다.

법령 체계에서 배웠던 바와 같이, 국회에서 정한 **법률**에 의거해서 대통령이 정한 **시행령**을 만들고, 이후 장관이 정한 **고시**를 통해서 수행하게 됩니다.

제3항에 따라 만들어진 고시가 바로 **개인정보 안전성 확보 조치 기준**입니다. **(2020년 기준) 시행 2019. 6. 7, 행정안전부 고시 제2019-47호**

정보통신망법의 기술적 관리적 보호 조치 기준과 더불어 2대 개인정보 고시로서의 해당 고시는 제1조 목적, 제2조 정의, 제3조 안전 기준 적용, 제4조 내부 관리 계획의 수립 · 시행, 제5조 접근 권한의 관리, 제6조 접근 통제, 제7조 개인정보의 암호화, 제8조 접속 기록의 보관 및 점검, 제9조 악성 프로그램 등 방지, 제10조 관리용 단말기의 안전 조치, 제11조 물리적 안전 조치, 제12조 재해 · 재난 대비 안전 조치, 제13조 개인정보의 파기로 구성됩니다. 시행령에서 제시한 내용에 대한 상세 기준 및 방법에 관해서 서술합니다. 예를 들어, 개인정보 취급자가 개인정보 처리 시스템에 접속한 기록을 최소 1년 이상 보관 및 관리해야 한다는 것처럼 말입니다.

#088 개인정보처리방침의 수립 및 공개 (제30조)

한 줄 요 약 개인정보 처리에 관한 자신의 내부 방침을 정해 공개한 자율 규제 장치

제29조에서는 안전하게 개인정보를 지키기 위한 내용이 있습니다. 그러면 내 소중한 개인정보에 대해서 누가, 어떻게, 무엇을 보유하고 이용하고 있는지를 어떻게 알 수 있을까요? 그 역시 법률에서 이미 만들어 놓았습니다. 바로, **개인정보처리방침**입니다.

개인정보처리방침이란 이용자의 소중한 개인정보를 보호함으로써 이용자가 안심하고 서비스를 이용할 수 있도록 기관 및 업체가 준수해야 할 지침을 말합니다. 누가 내 개인정보를 어떻게 사용하고 있는지에 대한 내용이 포함되고, 누구에게 문의하면 되는지까지를 표시합니다. 법률에서는 다음과 같이 표현하고 있습니다.

[개인정보보호법 제30조]

1) 개인정보 처리자는 다음 각호의 사항이 포함된 개인정보의 처리 방침(이하 '개인정보처리방침'이라 한다)을 정하여야 한다. 이 경우 공공기관은 제32조에 따라 등록 대상이 되는 개인정보 파일에 대하여 개인정보처리방침을 정한다.

  1. 개인정보의 **처리 목적**
  2. 개인정보의 **처리 및 보유 기간**
  3. 개인정보의 **제3자 제공**에 관한 사항(해당되는 경우에만 정한다)
  4. 개인정보 처리의 **위탁**에 관한 사항(해당되는 경우에만 정한다)
  5. 정보 주체와 법정대리인의 **권리 · 의무** 및 그 행사 방법에 관한 사항

6. 제31조에 따른 **개인정보보호 책임자**의 성명 또는 개인정보보호 업무 및 관련 고충 사항을 처리하는 **부서의 명칭과 전화번호 등 연락처**

7. 인터넷 접속 정보 파일 등 개인정보를 자동으로 수집하는 장치의 **설치·운영 및 그 거부**에 관한 사항(해당하는 경우에만 정한다)

8. 그 밖에 개인정보의 처리에 관하여 **대통령령**으로 정한 사항

2) 개인정보 처리자가 개인정보처리방침을 수립하거나 변경하는 경우에는 정보 주체가 쉽게 확인할 수 있도록 대통령령으로 정하는 방법에 따라 공개하여야 한다.

3) 개인정보처리방침의 내용과 개인정보 처리자와 정보 주체 간에 체결한 계약의 내용이 다른 경우에는 정보 주체에게 유리한 것을 적용한다.

4) 행정안전부 장관은 개인정보처리방침의 작성 지침을 정하여 개인정보 처리자에게 그 준수를 권장할 수 있다.

누가 **무슨 목적**으로 **어느 기간** 동안 사용하며, **다른 사람**(제3자, 위탁)에게 전달한 적이 있는지, 정보 주체(개인정보 권리자=본인)가 누구를 통해서 **개인정보의 고충**을 처리할 수 있는지에 대해서 외부에 공개합니다. 참고로, 다음의 그림은 네이버의 개인정보처리방침입니다.

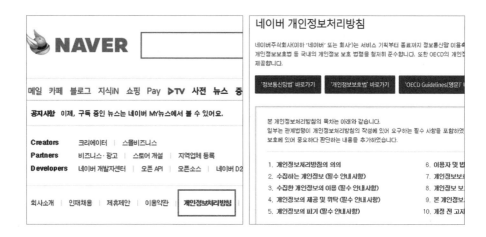

개인정보영향평가
Privacy Impact Assessment, PIA

한 줄 요 약 개인정보보호법 제33조에 의거한 개인정보의 영향을 평가하는 절차

보안 전문가들이 개인정보라고 하면 제일 먼저 생각하는 것이 무엇일까요? 보통은 **개인정보 흐름도**입니다. 기존 PIMS 인증, 현재 ISMS-P 인증까지 개인정보 쪽은 전부 개인정보 흐름도를 이용해서 개인정보의 생명주기를 확인합니다. 이러한 개인정보 흐름도는 어떻게 만들까요? 바로 **개인정보영향평가**입니다.

개인정보영향평가Privacy Impact Assessment, PIA 란 개인정보 파일을 운용하는 새로운 정보 시스템의 도입이나 기존에 운영 중인 개인정보 처리 시스템의 중대한 변경 시 시스템의 구축 운영 변경 등이 개인정보에 미치는 영향을 사전에 조사, 예측, 검토하여 개선 방안을 도출하는 체계적인 절차를 말합니다.

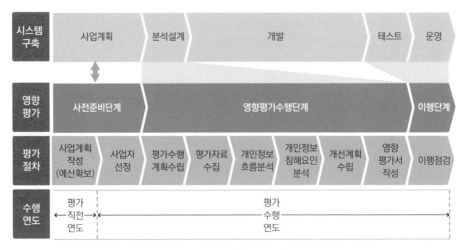

▲ PIA의 절차(출처: KISA)

개인정보보호법 제33조 개인정보영향평가에 의거하여 수행하는 개인정보영향평가는 세부 시행령으로, 제35조 대상, 제36조 고려사항, 제37조 평가 기관의 지정, 제38조 평가 기준까지 만들어서 수행합니다.

시행령 35조에 따른 개인정보영향평가의 **대상**으로는 **공공은 의무, 민간은 자율**로 구성됩니다. 공공에서의 **의무 대상**은 다음과 같습니다.

1. 민감 정보/고유 식별 정보: 5만 명 이상의 정보 주체의 민감 정보 또는 고유 식별 정보의 처리가 수반되는 개인정보 파일
2. 개인정보 파일 연계: 연계 결과 50만 명 이상의 정보 주체에 관한 개인정보가 포함되는 개인정보 파일
3. 개인정보 파일 사업: 100만 명 이상의 정보 주체에 관한 개인정보 파일

이외에 시스템을 변경하는 경우는 변경된 부분으로 한정되어 필요합니다. 민간은 자율이기 때문에 대부분 공공기관 위주로 수행하는 방식입니다.

개인정보영향평가는 **PIA 자격 요건을 갖춘 사람**과 **개인정보영향평가 기관**만 수행할 수 있습니다.

수행을 위한 절차로는 사전 준비 단계를 통해 사전에 예산 및 사업 수행 여부를 결정하고, 수행 단계를 통해 평가 수행 계획을 수립하여 자료 수집, 개인정보 흐름 분석을 통해 **개인정보 흐름도**와 **흐름표**를 만들고, 이것을 이용해 여러 흐름 중에 침해 요인을 도출하고 분석하여 영향 평가서를 작성하고 이를 보고합니다. 개인정보영향평가 (PIA) 자격을 취득하고 싶으시거나 공부를 더 하고 싶으신 분들은 〈**개인정보영향평가 수행 안내서**〉(KISA)를 통해서 알아보시면 좋을 것 같습니다.

정보통신망법(정보통신망 이용 촉진 및 정보보호 등에 관한 법률)

한 줄 요 약   정보통신망의 이용을 촉진하고 개인정보를 보호하기 위한 제반 규정을 규정한 법규(특별법)

개인정보를 관리하는 주요 법률은 두 가지입니다. 보통은 일반법인 개인정보보호법과 **정보통신망법**을 말하는 경우가 많습니다. 데이터 3법의 개정을 통해 많은 부분이 개인정보보호법으로 이전되었지만, 여전히 정보통신망을 이용하는 온라인에서는 많은 규제로 이용되고 있습니다.

정보통신망법(정보통신망 이용 촉진 및 정보보호 등에 관한 법률)이란 정보통신망의 이용을 촉진하고 정보통신 서비스를 이용하는 자의 개인정보를 보호하고, 정보통신망을 건전하고 안전하게 이용할 수 있는 환경을 조성하기 위한 법률을 말합니다.

정보통신망법 제2조 제1항 제3호에 따라 정보통신서비스 제공자들은 법을 따르도록 규정되어 있습니다. 전기통신사업법 규정에 의한 ① 전기통신사업자와 ② 영리를 목적으로 유·무선 통신망을 통하거나 컴퓨터 및 그 이용 기술을 활용하여 정보를 제공하거나 정보 제공을 매개하는 서비스를 제공하는 자를 말합니다.

전기통신사업자(전기통신사업법 제2조 제8호), 기간통신사업자(SKT, KT, LG U+), 별정통신사업자(국제전화서비스, 재판매 사업자), 부가통신사업자(포털 사이트, 게임, 쇼핑몰), 이외의 방송사업자 및 수탁자 등도 전부 정보통신망법의 적용 대상자로서 법률을 준용합니다.

정보통신망의 경우, 2020년 기준 총 10장 76조로 구성되어 있습니다. 제1장 총칙, 제2장 정보통신망의 이용 촉진, 제3장은 삭제되었으며, **제4장은 정보통신서비스의 안전한 이용환경 조성**, 제5장 정보통신망에서의 이용자 보호, 제6장 정보통신망의 안전성 확보, 제7장 통신과금서비스, 제8장 국제협력, 제9장 보칙, 제10장 벌칙으로 구성됩니다.

개인정보보호법과 더불어 개인정보에 대한 핵심 법률로서 이용되며, 개인정보보호에 관한 **특별법**으로서 적용 대상이 정보통신망법에 규정이 있는 경우 개인정보보호법보다 우선되어 적용됩니다.

Tip	정보통신망법과 개인정보보호법의 비교	
비교	정보통신망법	개인정보보호법
법률 성격	방송 통신 분야를 규율하는 특별법	공공/민관을 포괄하는 일반법
적용 대상	정보통신서비스 제공자 등	개인정보 처리자(공공기관, 법인, 단체 및 개인)
보호 범위	정보통신서비스 제공자의 서비스를 이용하는 이용자의 개인정보	개인정보 처리자에 의해 처리되는 모든 개인정보
주관 부서	방송통신위원회	개인정보보호위원회
지원 기관	한국인터넷진흥원	한국인터넷진흥원, 한국정보화진흥원

#091 개인정보의 기술적 · 관리적 보호조치 기준(제29조)

한 줄 요 약 개인정보를 보호하기 위한 기술적, 관리적 보호 조치의 기준

개인정보보호법의 안전성 확보 조치 기준이 존재한다면 정보통신망법에서부터 개인 정보보호위원회로 이관된 안전한 이용을 위한 수단 및 방법을 정의한 기준이 존재합 니다. 그 기준이 **개인정보의 기술적, 관리적 보호 조치 기준(개인정보보호의 보호조치)**입 니다.

정보통신망법에서 개인정보보호법으로 이관됨에 따라 통합된 내용(2020년 8월 시행) 이니 정확한 법률 문구의 내용보다는 실제 보호 조치에 대한 내용을 이해하는 것을 권고합니다.

개인정보보호의 보호조치란 정보통신서비스 제공자 등이 개인정보를 처리할 때에는 개인정보의 분실 · 도난 · 유출 · 위조 · 변조 또는 훼손을 방지하고 개인정보의 안전 성을 확보하기 위하여 대통령령으로 정하는 기준에 따른 다음 각호의 **기술적 · 관리적** 조치를 말합니다.

기술적 보호 조치 기준으로서는 개인정보 취급자에 대한 안전한 인증 수단의 의무화 를 요구하는 **접근 통제(제4조)**, 개인정보 처리 시스템에 대한 접속 기록의 보존 및 위/ 변조 방지를 위한 **접속 기록(제5조)**, 비밀번호 및 바이오 정보에 대한 **암호화(제6조)**,

백신 등의 주기적 갱신, 점검을 명시한 **악성 프로그램 방지(제7조)**, 전산실 잠금장치에 대한 **물리적 접근 방지(제8조)**, 개인정보 출력 시 보호 조치의 의무화인 **출력, 복사 시 보호 조치(제9조)**, 마스킹 규정을 포함한 **개인정보 표시 제한(제10조)**이 포함됩니다.

관리적 보호 조치 기준으로서는 개인정보보호 책임자 지정 및 취급자를 규정한 **개인정보보호 조직(제3조)**, 년 2회 이상의 교육의 의무화인 **교육(제3조)**, 접근 권한의 책임자/취급자에게만 한정 부여하는 **접근 통제(제4조)**, 개인정보 접속 기록의 의무화인 **접속 기록(제5조)**, 비밀번호, 주민등록번호 등에 대한 **암호화(제6조)**, 보조 저장매체의 반출에 대한 **물리적 접근 방지(제8조)**, 개인정보 출력 시 최소화의 규정인 **출력, 복사 시 보호 조치(제9조)**, 마스킹을 통한 표시 제한의 의무화인 **개인정보 표시 제한(제10조)**으로 구성되어 있습니다.

그러나 해당 법률 및 규칙의 경우 지속적인 개정이 됨에 따라 실제로 이용할 때는 정확한 암기보다는 내용에 대한 이해를 통해 법률 사이트 확인을 병행하는 방식이 더욱 중요합니다. 2020년도 데이터 3법(개인정보보호법, 신용정보법, 정보통신망법)의 개정으로 인해 개인정보와 관련된 사항들이 대부분 이관됨에 따라 내용이 **개인정보보호법 쪽으로 통합**되었습니다.

> **Tip** ┃ **데이터 규제 3법의 주요 개정 내용(2020년 8월 시행)**
>
> 1. 개인정보보호법: 개인정보의 개념을 개인정보, 가명정보, 익명정보로 구분하여 **가명정보**에 대한 통계 작성, 연구, 기록 보존 처리 등을 허용하였습니다. 또한, 여러 기관으로 분산된 개인정보보호 감독기관 역할을 **개인정보보호위원회**로 일원화하였습니다.
> 2. 정보통신망법: 개인정보 관련 사항을 개인정보보호법으로 이관하고 규제 및 감독 주체도 **개인정보보호위원회**로 변경하였습니다.
> 3. 신용정보법: 가명조치 신용정보의 빅데이터 분석/이용의 법적 근거를 제공하고 금융 마이데이터(MyData) 사업 도입 등에 대한 조항을 신설하였습니다.

#092 정보보호 및 개인정보보호관리체계 인증
ISMS-P

한 줄 요 약 정보보호 및 개인정보보호를 위한 조치와 활동이 인증 기준에 적합함을 인증한 제도

보안에서 가장 중요한 인증이자 국내에서 보안에 대한 표준 관리 체계의 기준이 되는 인증 체계가 존재합니다. 바로, **정보보호 및 개인정보보호관리체계 인증**, 이하 **ISMS-P**입니다.

정보보호 및 개인정보보호관리체계 인증 Personal Information & Information Security Management System, ISMS-P 이란 조직에 적합한 정보보호 및 개인정보보호를 위해 정책 및 조직 수립, 위험 관리, 대책 구현 등의 정보보호관리 과정을 통해 구현된 정보보호 대책들이 유기적으로 통합된 체계를 말합니다.

1. 관리 체계 수립 및 운영 (16개)
1.1 관리 체계 기반 마련
1.2 위험 관리
1.3 관리 체계 운영
1.4 관리 체계 점검 및 개선

2. 보호대책 요구사항(64개)
2.1 정책, 조직, 자산 관리
2.2 인적 보안
2.3 외부자 보안
2.4 물리 보안
2.5 인증 및 권한 관리
2.6 접근 통제
2.7 암호화 적용
2.8 정보 시스템 도입 및 개발 보안
2.9 시스템 및 서비스 운영 관리
2.10 시스템 및 서비스 보안 관리
2.11 사고 예방 및 대응
2.12 재해복구

3. 개인정보 처리 단계별 요구사항(22개)
3.1 개인정보 수집 시 보호 조치
3.2 개인정보 보유 및 이용 시 보호 조치
3.3 개인정보 제공 시 보호 조치
3.4 개인정보 파기 시 보호 조치
3.5 정보 주체 권리 보호

▲ ISMS-P의 인증 기준

관리체계(16개), 보호대책 요구사항(64개), 개인정보 요구사항(22개) 총 102개 항목으로 구성된 **인증 기준**으로 인증을 수행하며, 보호 대책 중 해당 영역이 포함이 안 되거나 타 인증과 범위가 일치하는 경우 일부 생략이 가능합니다. **생략 요건**은 고시 제20조 제2항에 따라 다음과 같습니다.

ISO/IEC 27001 인증을 받은 자나, 정보통신 기반 보호법 제9조에 따른 취약점의 분석/평가를 받은 회사에서 범위가 정보보호관리체계 인증 범위와 일치하거나, ISMS 심사 시 인증 및 보호 조치가 유효한 경우에 생략할 수 있습니다. ISMS-P의 **의무 대상자**는 다음과 같습니다.

1. **ISP**Internet Service Provider : '전기통신사업법' 제6조 제1항에 따른 허가를 받은 자로서 서울특별시 및 모든 광역시에서 정보통신망 서비스를 제공하는 자를 말합니다.

2. **IDC**Internet Data Center : 정보통신망법 제46조에 따른 집적정보통신시설 사업자를 말합니다.

3. ① 연간 매출액 또는 세입이 1,500억 원 이상인 자 중에서 다음에 해당되는 경우
   - 의료법 제3조의 4에 따른 '**상급종합병원**'
   - 직전연도 12월 31일 기준으로 재학생 수가 1만 명 이상인 '고등교육법' 제2호에 따른 **학교**

   ② 정보통신서비스 부문 전년도(법인인 경우에는 전 사업연도) **매출액이 100억 원** 이상인 자

   ③ 전년도 직전 3개월간 정보통신서비스 **일일평균 이용자 수가 100만 명 이상**인 자를 말합니다.

| Tip | **ISMS-P 인증심사원이란?** |

ISMS-P(정보보호 및 개인정보보호관리체계) 인증을 수행할 수 있는 자격을 갖춘 자로서, 한국인터넷진흥원에서 수행하는 자격 검정을 통과하여 필기/실기 시험을 통과한 사람입니다. 보안 분야의 최고 권위 자격증으로서, 매년 1,500명 이상의 인원이 응시하고 있습니다.

#093 정보보호관리체계

ISO27001

한 줄 요 약 조직의 자산 및 정보의 보호를 위해 정보보호관리체계를 수립하는 국제 인증 규격

국내의 정보보안을 위한 기준인 ISMS-P가 있다면, 국제 기준으로는 ISO27001이 존재합니다. 물론, 국내의 보안 인증을 위한 규정인 ISMS-P도 ISO27001을 참고하여 만들어졌습니다.

ISO27001이란 Information Security Management System Requirements정보보호관리체계 요구사항로, 정보보호관리체계에 대해 국제 인증 시 필요한 요구사항의 국제 인증 규격입니다.

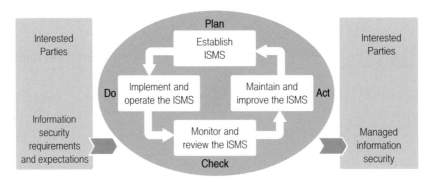

▲ ISO27001의 개념도(출처: ISO)

기존의 BS7799라는 영국의 모범사례를 참고하여 정보보호관리체계의 1회성 구축이 아닌 지속적 발전이 가능한 PDCAPlan-Do-Check-Act의 사이클을 반복하여, 보안의 수준을 향상시키는 형태의 정보보호관리체계를 구하도록 만든 국제 인증 표준 규격입니다.

ISO 역시 인증의 요구사항이 존재합니다. ISO27001:2013 기준, 총 14개 도메인으로 구성되어 있습니다.

1. **보안 정책**: 정보보호에 대한 경영 방침과 지원 사항에 대한 통제 구조
2. **정보보안 조직**: 조직 내에서 보안을 위한 보안 조직 구성/책임/역할
3. **인적 자원 보안**: 인적 오류, 절도 등의 위험을 감소하기 위한 대응 방안
4. **자산 관리**: 조직 자산에 대한 분류 및 적절한 보호 프로세스
5. **접근 통제**: 문서화된 접근 통제 정책, 비밀번호 사용, 권한 관리
6. **암호 통제**: 정보에 대한 기밀성, 인증, 무결성을 보호하도록 암호화
7. **물리적/환경적 보안**: 사업자의 비인가된 접근 및 방해 요인 예방
8. **운영보안**: 정보 처리 시설의 정확하고 안전한 운영을 보장하기 위한 대응
9. **통신보안**: 네트워크상의 정보와 정보 처리 시스템의 보호
10. **정보 시스템 취득, 개발, 유지보수**: 변경 관리 절차, 인증, 변경 제한
11. **공급자 관계**: 공급자가 접근할 수 있는 조직 자산에 대한 보호
12. **정보보안 사고 관리**: 보안 사고에 대한 대응 절차의 수립 및 이행
13. **준거성**: 소프트웨어 복제 통제, 조직 기록의 보호, 데이터 보호

ISO27001의 국제 정보보호관리체계 **표준 세트**는 다음과 같습니다.

기준	설명	비고
ISO27001	정보보안관리체계에 대한 심사 및 인증 규격	BS7799 Part2
ISO27002	정보보안관리에 대한 실행지침	BS7799 Part1
ISO27003	정보보안관리체계에 대한 실행 가이드 라인	
ISO27004	정보보안관리체계에 대한 매트릭스와 평가방법	
ISO27005	정보보안관리체계에 대한 위험평가	

심사 기준인 27001을 기반으로 상세 지침인 27002를 따라서 인증 규격에 맞도록 구성합니다. ISO27001 역시 ISMS-P와 같이 인증을 수행하는 인증심사원이 존재하며, 국제인증기관인 IRCA, SGS, BSI 등과 같은 기관들과 함께 인증을 수행합니다.

#094 GDPR
General Data Protection Regulation

한줄요약 EU에서 사용하는 개인정보보호 권리를 강화하는 내용의 일반 개인정보보호법

세계에서 대한민국의 개인정보에 대한 위상은 낮지 않습니다. ISO29151(개인정보보호준칙), ISO29134(개인정보영향평가 가이드라인)가 모두 대한민국의 주도로 개발된 국제 표준으로서 우리나라가 얼마나 개인정보에 대한 관심과 체계가 존재하는지에 대한 좋은 사례가 될 것 같습니다. 그러면 유럽은 어떨까요? 유럽 또한 개인정보에 대한 규제가 존재합니다. 바로, **GDPR**입니다.

GDPR General Data Protection Regulation이란 기존 Directive 95/46/EC를 대신해 2018년 5월 25일부터 시행된 EU의 개인정보보호 지침을 보다 강화하여 유럽 회원국에 동일하게 적용되는 개인정보보호 법제를 말합니다.

최근 프랑스 데이터 보호 기관인 정보처리자유국가위원회(CNIL)는 구글이 GDPR을 위반했다며 **5,000만 유로(642억 원)**의 벌금을 부과했습니다. 이처럼 글로벌 기업들 역시 유럽에서의 비즈니스 활동 시 개인정보에 대한 규제(GDPR)에 따라 대응하지 않는 경우에 큰 벌금을 내야만 합니다(최대 **매출의 4%**까지).

GDPR의 **적용 대상**으로는 정보 주체인 **살아 있는 자연인**의 개인정보, 개인정보를 수

집/처리/저장하는 **적용 범위 내의 모든 기업**, 그리고 여러 **개인정보 및 민감 정보**에 대해 적용됩니다.

다음에 대해 **적용 범위**가 설정됩니다.

1. **인적 범위**: 자연인의 개인정보를 처리하는 데이터 **컨트롤러(회사 = 개인정보 처리자)** 또는 **프로세서(개인정보 취급자)**에 적용됩니다.
2. **물적 범위**: 전체/부분적으로 **자동화된 수단** 처리 시에 수기로 파일링 시스템의 일부를 구성하거나, 개인정보 처리 시에 적용됩니다.
3. **지리적 범위**: EU 내 사업장을 운영하며 개인정보를 처리하는 경우나 **EU 외에서 EU의 정보 주체**에게 서비스를 제공하는 경우, EU 내에서 행동을 모니터링하는 경우에 적용됩니다.

총 11장, 99개 조항으로, 제1장 일반 규정, 제2장 원칙, 제3장 정보 주체의 권리, 제4장 컨트롤러와 프로세서, 제5장 제3국 및 국제기구로의 개인정보 이전, 제6장 독립적인 감독 기구, 제7장 협력 및 일관성, 제8장 구체적 책임 처벌, 제9장 특정 정보 처리 상황에 관한 규정, 제10장 위임 법률 및 시행 법률, 제11장 최종 규정으로 구성됩니다.

GDPR을 대응하기 위해서 KISA에서 발간한 《**우리 기업을 위한 유럽 일반 개인정보보호법(GDPR)**》을 읽어 보는 것도 좋을 것 같습니다.

관리적 방안으로 법률 자문 지원, 국가 차원의 EU 적정성 평가, ISMS-P, ISO27001, 개인정보영향평가(DPIA), 개인정보책임자(DPO) 선임, 개인정보 프레임워크(ISO29151)를 통한 대응이 가능합니다.

기술적 방안으로 개인정보 비식별화, 이메일 유통 제한, 접속 기록 & 권한 내역, 민감 정보 예측 알고리즘, 2-Factor 인증, DLP, 개인정보 검출, 데이터 분류, 사용자 개체 행동 분석 등의 대응이 가능합니다.

정보보안
Break Point

정보보안 자격증

① ISMS-P 인증심사원(시행: 한국인터넷진흥원)

정보보안의 최고 권위의 자격증으로, 정보통신망법 제47조에 의거하여 정보보호 및 개인정보보호관리체계 인증인 ISMS-P의 심사를 수행할 수 있는 자격입니다. 매년 1,000~2,000명 정도가 시험에 응시합니다. 단순하게 한 분야의 보안이 아닌 전체적인 관점에서 기업의 보안 수준을 측정하며 인증을 수행할 수 있습니다.

② 정보보안기사(시행: 한국인터넷진흥원)

정보보안에 대한 국가자격 시험으로, 타 민간 자격과는 달리 국가에서 인증해 주는 정보보안 자격증입니다. 관련 전공 4년제 대학졸업(예정)자, 관련 분야 4년 이상 경력이 있어야만 시험 응시 자격이 주어지며, 매년 4,000여 명 이상의 응시자가 도전하는 자격증입니다. 시스템 보안, 네트워크 보안, 애플리케이션 보안, 정보보안 법률 등의 기본적인 영역에 대한 이해를 확인할 수 있는 자격시험입니다.

③ CISSP(시행: ISC2)

국제공인 정보시스템 보안전문가의 약칭으로서, 사이버 범죄 억제와 IT 및 정보보호의 전문성을 나타낼 수 있는 국제 정보보안 자격증입니다. 전 세계에서 정보보안 자격증이라고 하면 가장 먼저 얘기하는 자격증이며, 다양한 영역에 대한 보안전문가의 인사이트에 대한 자격시험입니다.

이 외에도 국제 해커 자격증인 CEH, 국내 개인정보 영향평가 자격증인 PIA, 개인정보관리사인 CPPG 등이 있습니다.

보안 활동

주요 내용

기업에서 보안을 강화하기 위해서 하는 가이드나 포렌식, 취약점 관리와 같은 보안 수준을 향상시키는 활동에 대해 알아보겠습니다.

- 정보보호 거버넌스 ISO27014
- 개인정보 비식별화 Privacy De-Identification
- IoT 공통 보안 7원칙 & GSMA IoT 보안 가이드라인
- 디지털 포렌식 Digital Forensic
- e-Discovery Electronic Discovery
- FDS Fraud Detection System
- 망 분리 Network Segmentation
- CPO vs. CISO Chief Privacy Officer vs. Chief Information Security Officer
- CVE, CWE Common Vulnerabilities and Exposure, Common Weakness Enumeration
- 버그 바운티 Bug Bounty
- CC인증 Common Criteria, ISO15408
- 난독화 Obfuscation

#095 정보보호 거버넌스

ISO27014

한 줄 요 약 조직의 안전한 보안 거버넌스의 개념과 원칙, 활동 지침에 대한 국제 표준

지금까지 다양한 보안 솔루션과 보안 법률, 표준에 대해서 알아보았습니다. 보안의 ISO27001이나 ISO29151처럼 체계에 대해서 다양하게 관리하는 표준도 있지만, 단순히 보안이 통제 역할만 수행하는 것이 아닌 비즈니스의 의사결정과 연계하여 비즈니스를 지원하는 것도 존재합니다. 바로, ISO27014와 같은 **정보보호 거버넌스**입니다.

정보보호 거버넌스(ISO27014)란 정보보호 관련 의사결정 권한과 책임의 할당, 비즈니스와 전략적 연계, 관련 법과 규정의 준수를 위한 프로세스 및 실행 체계의 국제 표준입니다.

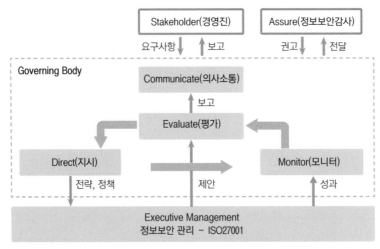

▲ 정보보호 거버넌스(ISO27014)의 구성

관리적 보안을 많이 해보지 않으신 분들은 거버넌스가 어렵게 느껴지실 것 같습니다. 보통 거버넌스는 컴플라이언스와 많이 얘기하는데요.

컴플라이언스Compliance : 법규를 지키는 행위 ▶ 안 하면 벌금

거버넌스Governance : 효율적 운영 ▶ 안 해도 벌금 없음, 비효율적 운영

이처럼 **거버넌스**는 강제화해서 무엇인가를 하는 것이 아니라 회사의 자원을 **효율적**으로 배치하고 운영하여 경영진의 목표에 부합하도록 하는 체계입니다. **정보보호 거버넌스** 역시 같은 관점에서 얘기합니다. '**식별되지 않은 것은 평가할 수 없고, 평가하지 않은 것은 관리할 수 없으며, 관리되지 않은 것은 목표를 이루기 어렵다**'라는 말이 있습니다. 이러한 관점에서 식별(모니터링) → 평가 → 관리(지시)로 지속적으로 발전이 가능한 운영을 통해서 경영진의 요구사항에 맞춰 보고하고, 별도의 감사를 통해서 지속해서 확인을 받는 형태로 구성이 돼야 할 것입니다.

각 **프로세스**로는 목표 달성을 위해 조정이 필요한 부분을 계획하고 변경하는 **평가**, 보안 목적 및 전략 달성에 필요한 사항을 제시하는 **지시**, 보안 활동 진단과 요구사항 반영, 성과 지표를 관리하는 **모니터**, 보안 내용을 공유하는 **의사소통**, 목표와 행동을 확인하고 검증하는 **정보보안감사**로 구성됩니다. 효율적 구성을 위해서 ISO27014에서는 **6가지 원리**를 제시하였습니다. **조직 전반**의 정보보안 수립, **위험 기반** 접근 방식 채택, **투자 결정**의 방향 설정, 내부(기업 규정) 및 외부(법, 제도) **요구사항의 준수** 확인, 보안에 중점을 둔 **환경 조성**, 비즈니스 결과와 관련한 **실적 검토**를 통해 효율적인 거버넌스 구축이 가능합니다.

이렇게 ISO27014(정보보호 거버넌스)를 구축/적용하면 비즈니스와 정보보호 효과 연계를 통한 자발적인 보안 투자를 유도하거나, 불필요한 여러 중복 프로세스가 통합되어 정보보호 업무가 효율적으로 개선됩니다.

#096 개인정보 비식별화
Privacy De-Identification

한 줄 요 약   정보 주체를 알아보지 못하게 하는 보호 기법

데이터의 3법 통과로 인해 일반 기업에서도 가명 정보 형태로 개인정보를 이용할 수 있게 되었습니다. 이에 따라 개인정보의 활용도는 더욱 높아지고 개인정보의 이용에 대한 이슈는 단순하게 선택의 문제가 아니라 필수적으로 고려해야 하는 사항이 되었습니다. 그래서 이용을 위한 필수 선행 작업인 **개인정보 비식별화**가 이목을 끌고 있습니다.

개인정보 비식별화 Privacy De-Identification란 수집/활용되고 있는 데이터에서 정보 주체(개인)를 식별할 수 있는 부분을 비식별 조치하여 개인정보보호와 동시에 비식별 조치된 정보는 산업적으로 활용할 수 있도록 하는 절차를 말합니다.

절차는 다음과 같습니다. 개인정보에 해당하는지 여부를 **사전 검토**, 이후 정보 집합물에서 삭제나 대체를 수행하는 **비식별 조치**, 다른 정보와 쉽게 결합하여 식별 가능 여부를 평가하는 **적정성 평가**, 최종적으로 재식별 가능성을 모니터링하는 **사후 관리**까지의 단계를 통해서 비식별화된 안전한 개인정보를 이용할 수 있습니다.

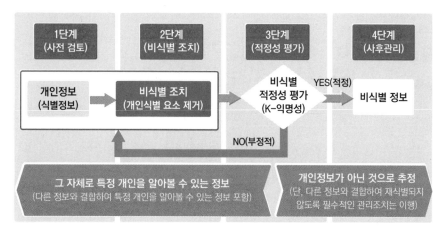

▲ 개인정보 비식별 조치 가이드라인 절차(출처: KISA)

비식별 조치 가이드라인에서 제시하는 비식별 조치의 **유형**으로는 5가지가 존재합니다.

1. **가명 처리**Pseudonymization : 식별자 데이터를 임의의 데이터로 변환하는 기법으로 휴리스틱 가명화가 있습니다. (**예** 김보안 → 홍길동)

2. **총계 처리**Aggregation : 식별될 수 있는 특징 데이터를 총계나 평균치 등을 계산하여 비식별하는 기법으로, 부분 총계 등이 있습니다. (**예** 임꺽정 180cm, 홍길동 170cm → 물리학과 학생 키 합 350cm)

3. **데이터 삭제**Data Reduction : 식별자 데이터를 삭제하거나 부분 삭제함으로써 특정인을 알 수 없게 하는 기법으로, 식별자 삭제가 있습니다. (**예** 주민등록번호 901206-1234567 → 90년대생, 남자)

4. **데이터 범주화**Data Suppression : 식별 데이터를 평준화, 범주화하여 특정인을 구별할 수 없게 하는 기법으로, 감추기나 랜덤 라운딩 등이 있습니다. (**예** 홍길동, 35세 → 홍씨, 30~40세)

5. **데이터 마스킹**Data Masking : 특정인임을 추론할 수 있는지를 검토하여 일정 확률 수준 이상 비식별되도록 하는 기법으로, 대체가 있습니다. (**예** 홍길동, 35세, 한국대 재학 → 홍○○, 35세, ○○대 재학)

#097 IoT 공통 보안 7원칙 & GSMA IoT 보안 가이드라인

한 줄 요 약 IoT 공통 보안 7원칙: IoT 기기의 SDLC에서 지켜야 하는 7대 보안 요구사항

GSMA IoT 보안 가이드라인: GSMA에서 제작한 광범위하면서도 상세한 IoT 보안 가이드

비식별 조치와 같은 다양한 개인정보를 위한 가이드라인도 있었습니다. 개인정보와 더불어 쉽게 접할 수 있으면서 여기저기에 많이 흩어져서 존재하는 것은 무엇일까요? 바로, IoT Internet of Things 입니다. 세상의 모든 기기는 IP를 가지기 시작하면서 바로 소통하고 변화하는 일상이 가능하게 되었죠. 이번에는 이러한 IoT를 안전하게 지키는 가이드라인에 대해서 알아보려고 합니다.

첫 번째로 만나볼 가이드라인은 바로 IoT **공통 보안 7원칙**입니다.

IoT **공통 보안 7원칙**이란 IoT 기기의 개발 주기(SDLC)에 따라 최초의 설계/개발부터 배포/설치/구성을 통해 운영/관리/폐기 시까지 다양한 보안을 검증하는 방안을 말합니다. KISA에서 배포한 원칙이죠.

실제 제품을 개발하는 개발 주기 Software Development Life Cycle 에 따라서 적용해야 하는 필수 원칙들로 구성하였습니다.

설계 & 개발 단계에서는 보안 & 개인정보를 반영한 디자인을 준수하는 ① **정보보호와 프라이버시 강화를 고려한 IoT 제품·서비스 설계**, 시큐어 코딩과 소프트웨어 보안성 검증 등의 ② **안전한 소프트웨어 및 하드웨어 개발 기술 적용 및 검증**을 수행해야 합니다.

배포 & 설치 & 구성 단계에서 초기의 안전한 보안 설정 Secure by Default 원칙을 준수하여 ③ **안전한 초기 보안 설정 방안을 제공**, 실제 운영 환경에서 ④ **안전한 설치를 위한 보안 프로토콜 준수 및 안전한 파라미터 설정**을 해야 합니다.

운영 & 관리 & 폐기 단계에서 보안 취약점이 발견되면 보안 패치를 신속히 배포할 수 있는 ⑤ **IoT 제품·서비스의 취약점 보안 패치 및 업데이트 지속 이행**, 사용자 정보의 전 주기에서 ⑥ **안전한 운영·관리를 위한 정보보호 및 프라이버시 관리 체계 마련**, 보안 사고에 대비하여 ⑦ **IoT 침해 사고 대응 체계 및 책임 추적성 확보 방안 마련**을 해야 합니다.

두 번째로 국제적인 가이드라인, 세계 이동통신 사업자의 연합 가이드, **GSMA IoT 보안 가이드라인**에 대해 알아보겠습니다.

GSMA IoT 보안 가이드라인이란 세계 이동통신 사업자의 IoT 서비스와 결합한 개인정보보호 문제 및 사이버보안 위협에 공동 대응하기 위한 실제적인 조언을 서비스 제공자 및 광범위한 IoT 생태계에 제공하는 가이드를 말합니다. GSMA 사이트인 https://www.gsma.com/iot/iot-security/iot-security-guidelines/에 접속해서 확인해 보시면 정말 실용적인 조언을 체계적인 **자가 체크리스트** Self-Checklist 형식으로 제공합니다.

기본 원칙 준수를 통해 IoT 제품 및 서비스의 설계 단계부터 보안을 내재화하고, 장치가 갖는 **저전력 & 저성능**의 특성을 고려하여 기밀성, 무결성, 가용성을 지키면서 경량화하는 방안을 고려하여야 합니다.

#098 디지털 포렌식
Digital Forensic

한 줄 요 약   컴퓨터를 사용한 범죄에서 증거를 수집/분석하는 기술

기술적 보안에서 해킹과 함께 가장 발전되었으며, 보안을 공부하다 보면 필수적으로 한 번쯤 마주하게 되는 영역이 존재합니다. 바로, **디지털 포렌식** 영역이죠.

디지털 포렌식 Digital Forensic 이란 디지털 매체를 매개체로 한 범죄 행위에 대하여 자료 수집, 분석, 보존하여 법적 효력을 유지하여 법원에 제출할 수 있도록 하는 일련의 절차 및 방법을 말합니다.

침해 사고나 실제 범죄가 일어났을 때 각종 증거를 수집/분석하는 기술을 말합니다. 드라마 〈유령〉에서 소지섭이 이연희와 함께 사이버 수사대에서 하는 각종 기술 역시 이런 디지털 포렌식입니다.

다양한 변조가 가능한 디지털 증거임에도 법정에서 증거로 인정하는 만큼 **원칙과 절차**가 상당히 까다롭습니다.

5가지 원칙이 있는데, 증거를 적법한 절차로 수집하며, 위반 시에 증거는 효력을 잃는다는 **정당성의 원칙**, 동일한 조건과 상황에서 항상 같은 결과 재현을 보장하여야 하는 **재현의 원칙**, 증거는 획득, 이송, 분석, 보관, 법정 제출의 일련의 과정이 명확

하며 추적할 수 있어야 하는 **연계 보관성의 원칙**, 수집된 정보는 각각의 과정에서 위/변조되지 않음을 입증해야 하는 **무결성의 원칙**, 수집 과정은 손실이 발생하지 않도록 신속히 진행해야 하는 **신속성의 원칙**이 존재합니다.

절차로는 수사 준비 → 증거 수집 → 보안/이송 → 증거 분석 → 보고서 및 증거 제출이라는 일련의 과정을 거치며, 모든 단계의 적법성과 무결성이 유지되어야 합니다.

디지털 포렌식의 **주요 유형**으로는 전통적인 영역인 저장 장치에서 삭제된 파일 복구와 증거 분석, 증거 훼손 방지를 조치하는 **디스크 포렌식**, 운영체제와 애플리케이션 및 프로세스 분석하여 증거를 확보하는 **시스템 포렌식**, 로깅 파일과 IP 발신자 추적 등의 분석을 수행하는 **네트워크 포렌식**, 웹 히스토리와 이메일의 히스토리를 분석하는 **인터넷 포렌식**, 휴대용 기기에서 필요한 정보를 입수하여 분석하는 **모바일 포렌식**, 기업의 부정과 관련된 수사 시 회계 데이터를 추출하고 분석하는 **회계 포렌식**까지 다양한 유형이 있습니다.

이외에도 데이터베이스, 멀티미디어 포렌식 등이 있어서 다양한 영역에 대한 조사를 수행합니다. 이러한 조사를 맨몸으로 하지는 않겠죠. 여러 도구를 활용하여 조사를 수행하고 있는데, 대표적인 것으로는 유료이지만 거의 포렌식 계의 사실상 표준으로 이용하고 있는 **EnCase**를 통해 많은 분석이 수행되고 있으며, 무료인 **FTK Imager**도 상당히 많이 사용되고 있습니다.

실제 법적 요건의 디지털 포렌식도 존재하겠지만, 해당 기술을 이용한 침해 사고 대응 시에도 Process Explorer, BlackIce, iFunBox, APKtool, analyzeMFT, REGA, IDA, OllyDBG와 같은 분석 도구를 이용합니다. 또한, 감사 로그, 로그인 로그, 세션 정보, 계정 정보와 같은 각종 정보를 연계하여 공격자의 마인드로 실제 공격 시나리오 기반의 Timeline 구성을 통해 공격 행위를 차단하고 취약한 시스템에 대응할 수 있습니다.

#099 e-Discovery
Electronic Discovery

한 줄 요 약　디지털 자료의 법적 증거 자료 활용 기술

디지털 포렌식을 통해서 각종 디지털의 증거 수집 및 분석을 할 수 있었습니다. 그러면 기업에서는 이러한 디지털 포렌식 기술을 통해서 무엇을 할 수 있을까요? 여러 가지 소송 & 감사 등에 대해서 명확한 증거를 미리 정리하는 행위도 가능하겠죠. 이러한 행위를 e-Discovery라고 합니다.

e-DiscoveryElectronic Discovery란 소송 또는 규제 요구에 대응하기 위해 종이 또는 디지털 형태로 존재하는 기업의 콘텐츠를 수집, 준비, 검토, 구성, 생산하는 절차를 말합니다.

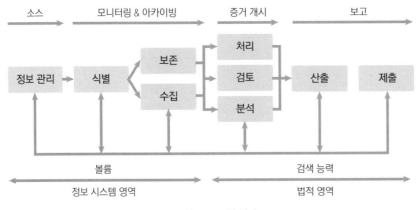

▲ e-Discovery의 절차

EDRM Electronic Discovery Reference Model 이라고 국제적으로 표준화된 방식도 있습니다.

e-Discovery를 **구성하는 단계**는 다음과 같습니다.

정보 시스템 영역으로 분류되는, 비즈니스 기록들을 유지하는 **정보 관리**, 증거 보존 의무 발효 후 실제 EDRM을 수행하여 ESI(Electronically Stored Information, 디지털 형태로 사용되는 정보)를 구별하는 **식별**, 문서가 손상되지 않고 다음 단계로 원활히 넘어가도록 하는 **보존/수집**이 존재합니다.

법적 영역으로 분류되는, 데이터의 양을 최소화하고 면책성에 대한 검토를 수행하고 법률적 분석을 수행하는 **처리 & 검토 & 분석**, 민감하지 않거나 면책인 경우 ESI를 요청한 당사자에게 제공할 준비를 하는 **산출** 단계로 구성됩니다.

디지털 포렌식과 더불어 기업에서는 법률적 대응을 위해서 많이 사용되고 있습니다. 이 두 가지를 **비교**해 보겠습니다.

비교	e-Discovery	디지털 포렌식
목적	요구에 의한 방어적 증거	공격적 수사 기법, 제출
프로세스	사전 원칙/분류 절차 중심	사후 추적/분석 절차 중심
소송 관점	쌍방에 의한 민간에 적용	강제적 형사 소송에 적용
활동 주체	민간 기관, 경영 조직	국가 기관, 사이버수사대
기준 원칙	법적 근거, 내부 규정 원칙	연계 보관성
주요 기술	컴플라이언스, 스토리지 최적화, 아카이빙, 검색	데이터 복구, 은닉 파일 검색, 로그 분석

기업에서 자체 방어를 위한 e-Discovery와 법적 증거 추출을 위한 디지털 포렌식은 비슷한 기술을 이용하지만 서로 다른 목적으로 이용되며 발전하고 있습니다.

#100 FDS

Fraud Detection System

한 줄 요 약   이상 거래를 탐지하여 방지하는 시스템

지금까지 각 기업에서 사고 및 방어를 하기 위한 보안 활동에 대해서 알아보았습니다. 특히, 이러한 사고에 제일 민감한 분야가 어디일까요? 많이들 생각하는 바와 같이 금융 분야일 것 같습니다. 이러한 금융 분야에서 대표적인 사고 방어 시스템이 존재합니다. 바로, FDS죠.

FDS Fraud Detection System 란 전자금융 거래에 사용되는 단말기 정보 · 접속 정보 · 거래 내용 등을 종합적으로 분석하여 의심 거래를 탐지하고 이상 금융 거래를 차단하는 시스템을 말합니다.

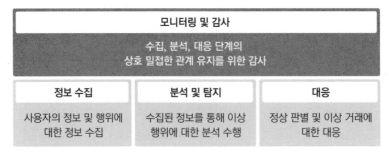

모니터링 및 감사		
수집, 분석, 대응 단계의 상호 밀접한 관계 유지를 위한 감사		
정보 수집	**분석 및 탐지**	**대응**
사용자의 정보 및 행위에 대한 정보 수집	수집된 정보를 통해 이상 행위에 대한 분석 수행	정상 판별 및 이상 거래에 대한 대응

▲ FDS의 프로세스

정보 수집 → 분석 및 탐지 → 대응 → 모니터링 및 감사의 단계를 통해서 위험한 이상 거래에 대해 사기를 방지하고 대처가 가능하도록 합니다.

FDS는 보통 **탐지 시기별**로 두 가지 방식으로 분류합니다.

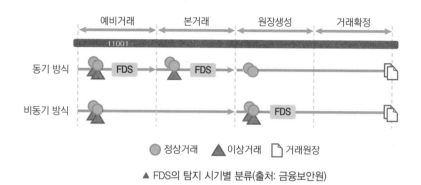

▲ FDS의 탐지 시기별 분류(출처: 금융보안원)

거래 단계별로 이상 금융 거래 여부를 판단하는 방식으로, 단계별로 차단하고 승인된 처리만을 거래 진행하는 **동기 방식**, 지시된 모든 금융 거래에 대해 거래원장을 작성하고, 지시된 금융 거래를 최종 승인하기 전에 이상 금융 거래 유무를 파악하는 **비동기 방식**으로 나닙니다. 탐지 기능으로 패턴을 탐지하는 **오용탐지 모델**, 행위를 기반으로 탐지하는 **이상탐지 모델**로 나뉘게 됩니다.

과거의 패턴으로 탐지하는 **오용탐지 모델**은 오탐율이 낮고 신속한 탐지가 가능하나, 알려지지 않은 사고에 대해서 대응이 어려운 단점이 있습니다. 반대로, **이상탐지 모델**은 점수를 기반으로 수행하기 때문에 오탐이 발생하고 시간이 오래 걸리는 단점이 존재하나, 알려지지 않은 사고까지 예방할 수 있다는 장점이 있습니다. 그래서 기본적인 거래에는 오용탐지, 신규 거래에 대해서는 이상탐지를 병행하여 수행하는 경우가 많습니다.

#101 망 분리

Network Segmentation

한 줄 요 약 업무망과 인터넷망을 분리하는 기법

금융권에서 가장 기본이 되는 보안 활동이 무엇이 있을까요? 금융 보안의 알파이자 오메가인 단어가 있습니다. 보안 담당자들에게는 애증의 단어일 것입니다. 바로, **망 분리**입니다.

망 분리 Network Segmentation 란 외부의 침입을 막고 내부 정보의 유출을 막는 것을 목적으로 내부 업무 전산망과 외부 인터넷망을 논리적 또는 물리적으로 분리하는 보안 강화 기법을 말합니다. 특히, 금융권에서 의무적으로 수행하며, 악성코드가 감염된다고 하더라도 업무 PC까지 전파되지 않도록 하는 보안 활동입니다.

대표적인 유형으로 2대의 PC를 이용하는 **물리적 망 분리** 방식과 가상화 등의 방법을 사용하는 **논리적 망 분리** 방식으로 분류됩니다.

물리적 망 분리 방식은 2대의 PC나 **망 전환 장치**를 이용하여 업무용, 인터넷용 PC로 구분하여 이용합니다. 보안성도 높고, 응답 속도도 빠르지만, 각 소프트웨어 및 네트워크 구성 비용이 2배가 들어서 실제 효율성보다는 보안이 중요한 **금융권**에서 많이 사용됩니다.

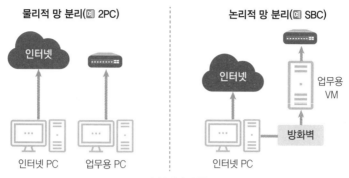

물리적 망 분리(예 2PC)　　　　논리적 망 분리(예 SBC)

인터넷

업무용
VM

방화벽

인터넷 PC　　업무용 PC　　　　인터넷 PC

▲ 망 분리의 유형

논리적 망 분리 방식은 가상화 머신을 탑재한 **서버(SBC)**, **PC(CBC)**를 두고 업무 처리시 가상화하여 이용합니다. 가격이 효율적으로서 망 분리를 구현할 수 있고 유연한 구성 및 제거를 할 수 있습니다. 그러나 보안 측면에서 상위 PC(컨테이너)에서 악성 코드가 동작하는 경우에 하위까지 침해를 당할 수 있습니다. 보안보다는 업무의 효율성이 중요한 **IT 회사**에서 많이 사용하는 방식입니다.

망 분리로 분리한다고 해도 실제 업무상 서로 간의 데이터를 넘겨줘야 할 경우가 있습니다. 예를 들어, 인터넷에서 조사한 데이터 및 그림을 업무망에서 봐야 하는 것과 같은 일들이 있습니다. 이럴 때 사용하는 것이 바로 **망 연계**입니다.

망 연계 Network Connection 란 망 분리 환경에서 분리된 망과 망 사이에 자료 전송 등의 연계 환경을 구축하는 네트워크 연계 기술을 말합니다. 간단히 말하면, 분리된 망에서 데이터를 전달해 주는 방식입니다.

주로 사용하는 방식으로는 중간에 저장 가능한 SAN 같은 스토리지를 두는 **스토리지 방식**, 방화벽 등을 이용해 이더넷으로 연결한 **소켓 방식**, 별도의 IEEE 1394 카드 케이블을 이용한 **시리얼 인터페이스 방식** 등을 이용해서 서로 분리된 망 간의 데이터 이동을 수행합니다.

#102 CPO vs. CISO

Chief Privacy Officer vs. Chief Information Security Officer

한 줄 요 약

CPO: 기업의 개인정보 관리에 대한 총괄 책임자(개인정보보호법 31조)

CISO: 기업의 정보보안을 위한 기술적 대책과 법률 대응에 대한 총괄 책임자(정보통신망법 제45조의 3)

기업에서 보안의 역할이라고 하면 대부분 두 가지를 많이 이야기합니다. 바로, 정보보안과 개인정보보호의 직무입니다. 이 두 가지 직무에도 각 책임자가 존재하겠죠. 각 기업에서 그 책임자가 CPO와 CISO입니다.

CPO Chief Privacy Officer 란 개인정보보호 계획 및 방침의 수립/시행, 개인정보 처리 실태의 점검 및 감독, 각종 개인정보보호 관련 통계 및 자료의 취합 등의 업무를 수행하는 최고 책임자를 말합니다.

자격 요건으로는 공공기관인지 아닌지에 따라 요건이 분리됩니다.

1. **공공기관**: 고위 공무원, 개인정보 처리 관련 업무를 담당하는 부서의 장(3급)
2. **공공기관 외**: 사업주 또는 대표자, 개인정보 처리 관련 업무를 담당하는 부서의 장 또는 개인정보보호에 관한 소양이 있는 사람

수행해야 하는 주요 **역할**로는 개인정보보호 계획과 정책인 내부 관리 체계 수립, 보안 감사, 보안 교육, 법령 준수, 정보보호 시스템 구축, 개인정보 파일 관리, 개인정

보 파기, 개인정보 유출 방지와 같은 업무를 수행합니다. 주로 개인정보에 따른 이용자의 고충을 처리하는 담당자로서 관리적, 기술적 활동을 수행합니다.

개인정보뿐만이 아닌 정보보호의 영역도 있겠죠. 바로, CISO입니다.

CISO Chief Information Security Officer 란 전략 및 정보 시스템이 기업의 정보 자산을 적절하게 보호하기 위한 목표에 부합되도록 기업의 의사결정에 영향을 미치는 최고 책임자를 말합니다.

CISO의 **자격 요건**으로는 석사, 학사, 전문학사, 경력조건, 심사원이 있습니다.

1. 정보보호 또는 정보 기술 분야의 석사 학위 이상의 학위를 취득
2. 정보보호 또는 정보 기술 분야의 학사 학위를 취득하고 정보보호 또는 정보 기술 분야 업무를 3년 이상 수행한 경력이 있는 사람
3. 정보보호 또는 정보 기술 분야의 전문학사 학위를 취득하고 정보보호 또는 정보 기술 분야 업무를 5년 이상 수행한 경력이 있는 사람
4. 정보보호 또는 정보 기술 분야 업무를 10년 이상 수행한 경력이 있는 사람
5. 정보보호관리체계 인증기관의 정보보호관리체계 인증심사원

주요 **역할**로는 정보보안 전략 수립, 정보보안 표준 체계, 정보보안 인식 제고, 위험 영향도 예측, 정보보안 기술 확보, 정보 시스템과 연계, 서비스 가용성 확보, 사고 피해 최소화 방안 등을 수행합니다.

CISO의 미래 관점 기술적 보호 조치와 CPO의 정보 관리 조치를 같이 수행하여 예방/관리해야 합니다.

#103 CVE, CWE

Common Vulnerabilities and Exposure, Common Weakness Enumeration

한 줄 요 약

CVE: 여러 알려진 소프트웨어에 대한 취약점의 국제적 식별 체계

CWE: 소프트웨어의 설정, 설계, 구조 등에서의 약점 분류

우리는 섹션 1에서 보안의 **약점**과 **취약점**에 관해 알아보았습니다. 모든 약점이 취약점이 되지는 않지만, 약점 단계에서 제거를 통해서 보안 취약점 자체의 발생을 막을 수 있습니다. 먼저, 취약점을 분류한 체계인 **CVE**에 대해서 알아보겠습니다.

CVE Common Vulnerabilities and Exposure 는 발견된 보안 취약점을 분석하여 체계적으로 정리한 보안 취약점 고유번호 체계를 말합니다.

오퍼레이션 오로라를 이끈 인터넷 익스플로러의 0-Day 취약점(CVE-2010-0249), 중국과 외교 문제 발생 후 중국 해커에 의해 발생한 Apache Structs2의 RCE Remote Code Execution 취약점(CVE-2017-5638)과 같이 각종 공격에 이용된 취약점들 역시 CVE로 체계화되었습니다.

CVE-2020-0001 (Old)
CVE-2020-123456 (New)

MITRE 유형   연도(YYYY)   연번(NNNN, NNNNNN)

▲ CVE 번호 체계

이러한 CVE는 마이크로소프트, 어도비, OpenSSL, 아파치, 자바 등 다양한 플랫폼에서 취약점 진단을 통해 확인할 수 있습니다. 설계상의 문제이기 때문에 운영하는 쪽에서 자체적으로 개선이 불가능해 제조사의 공식 패치에 따라 개선할 수 있습니다.

미국의 비영리기관인 MITRE에서 이러한 **CVE**와 **CWE**를 체계로 만들어서 관리합니다. 이러한 개별 소프트웨어에 대한 취약점 내용인 CVE뿐만이 아닌, 취약점 전의 **약점**도 존재합니다. 바로, **CWE**입니다.

CWE Common Weakness Enumeration 는 미국 MITRE 기관에서 일반적으로 소프트웨어에서 공통으로 발생하는 잠재적인 보안 약점을 분류한 체계를 말합니다.

CWE는 보통 1개의 소프트웨어 유형에 국한되지 않습니다. 여러 플랫폼이나 소프트웨어가 가지고 있는 공통적인 설계 & 구조 & 코드에서 발견 가능한 약점을 분류한 경우가 많습니다.

우리가 대표적으로 알고 있는 부분이 **CWE-700**(7PK, 행정안전부 시큐어 코딩 가이드 구현 분야의 표준), **CWE-928**(OWASP TOP 10, 웹 공격에 대한 Top 리스트)와 같은 공통적인 약점에 대한 내용이 표준으로 정리되어 있습니다.

▲ CVE와 CWE의 관계

국내에서는 개선이 가능한 CWE 취약점에 대해서 법률적으로 통제 및 조치를 권고하고 있습니다. 이러한 개선 활동을 지원하는 제도가 KISA에서 운영하는 **버그 바운티**입니다.

#104 버그 바운티
Bug Bounty

한 줄 요 약   소프트웨어의 취약점을 찾아 신고를 통해 포상금을 받는 제도

소프트웨어나 웹사이트 등과 같은 우리가 많이 사용하는 서비스들이 버그나 취약점이 없다면 좋겠지만, 실제로는 버그나 취약점이 하나도 없는 프로그램이나 웹사이트는 제로에 가깝습니다. 이처럼 상용 서비스조차도 다양한 버그나 취약점 때문에 여러 문제점이 발생하고 있고, 버그나 약점, 취약점들을 줄이려는 노력을 부단히 하고 있습니다.

가장 효과적인 방법은 무엇일까요? 오픈 이노베이션과 같이 외부에 취약점을 찾도록 맡기는 방법이죠. 바로, **버그 바운티**입니다.

버그 바운티 Bug Bounty는 **보안 취약점 신고 포상제**로, 취약점을 찾는 것을 허락한 회사의 제품이나 사이트 등에서 보안 취약점을 발견하면 이를 해당 회사에 통보하여 포상금을 받는 제도입니다.

보통 두 가지 방향으로 운영되고 있습니다. 우선, 해외에서처럼 세계의 유명 글로벌 IT 기업에서 **자체적으로 운영하는 버그 바운티 제도**가 있습니다.

구글은 웹서비스인 자체 서비스를 대상으로 취약점 포상 프로그램을 운영하고 있습니다. 이외에도 크롬과 일부 오픈소스 소프트웨어에 대한 패치 보상까지 다양한 영역에 대해서 운영하고 있습니다.

페이스북 역시 구글과 마찬가지로 웹서비스에 대해서 버그 바운티를 운영하고 있으며, 보상이 매년 늘어나고 서드 파티 솔루션까지 포함해서 점차 영역을 확장해서 운영하고 있습니다.

마이크로소프트는 여러 프로젝트 기반으로 버그 바운티를 운영하고 있습니다. 특히 블루햇 서비스, 온라인 서비스, 스파르탄 프로젝트, .Net 코어 등과 같이 다양한 버그 바운티 등이 존재합니다. 그 이외에도 다양한 0-Day 공격을 수집하는 제로데이 이니셔티브를 운영하는 ZDI 등이 있습니다.

국내의 경우에는 **한국인터넷진흥원(KISA)**을 필두로 **여러 기업이 연합(공동 운영사)하여 버그 바운티를 운영**하고 있습니다.

▲ 버그 바운티의 절차(국내 KISA의 기준)

최신 버전의 소프트웨어에 영향을 줄 수 있는 신규 취약점 홈페이지, 메일로 **신고 접수**를 한 후 이후 취약점의 기본 정보를 파악하고 신규 취약점 여부를 판단하는 **검증** 과정을 거칩니다. 검증을 통한 신규 취약점인 경우, 환경 구축, 테스트 및 평가 기반 **1차 평가**를 수행하고, **2차 평가** 시에 교수, 취약점 전문가, 소프트웨어 제조사 등과 같은 평가 위원회가 평가합니다.

보안 취약점 평가 국제 표준(CVSS), 해외 취약점 평가 체계(CWSS) 기반의 평가 기준에 따라서 차등하여 포상금을 지급하게 됩니다. 물론, 다양한 특전도 제공됩니다. **포상금(30~500만 원)**, KrCERT 홈페이지에 **명예의 전당** Top 10에 게시되기도 합니다. 매년 최우수상, 우수상, 공동운영사상과 같은 포상도 합니다. 한번 도전해 보기를 추천합니다.

> **Note** S/W 신규 취약점 신고포상제 소개(KISA, 한국인터넷진흥원)

#105 CC 인증
Common Criteria, ISO15408

한 줄 요 약 정보보안 제품에 대한 국제 표준

버그 바운티처럼 외부에 소프트웨어에 대한 취약점을 공고하여 소프트웨어를 강화하는 방법이 있는 한편, 다른 측면으로는 제품 자체의 외부 평가를 통해서 안전한 기능을 제공하는지를 확인하는 방법도 있습니다. 물론, 단순하게 취약점을 검증해 주거나 내용을 확인해 주는 방법은 아닙니다. 바로, 보안 솔루션에 대한 개발 국제 표준 CC 인증입니다.

CC 인증Common Criteria, ISO15408이란 정보보호 시스템의 보안 기능 요구사항과 보증 요구사항 평가를 위해 공통으로 제공되는 국제 평가 기준을 말합니다.

안전하게 보안을 지키기 위한 보안 솔루션에 대한 기본 요건을 설명하고 있는 기준이 있습니다. 또한, 그런 기준에 대해 평가하고 그 평가의 값이 일정 수준 이상이 되는 경우 인증을 획득하게 됩니다.

CC 인증의 **구성 요소**로는 인증 및 평가의 직접적인 대상인 **보안 제품**으로 TOETarget of Evaluation, 사용자의 보안 요구를 표현하기 위한 **공통 평가 기준**인 PPProtection Profile, **특정 제품**의 보안 기능을 표현한 평가 기준 자료인 STSecurity Target가 있습니다.

평가의 **주요 내용**으로는 제품 구현 시에 필요한 요구사항을 평가하는 **보안 기능 요구
사항**Security Functional Requirement, SFR, 등급에 부합함을 증명하는 **보안 보증 요구사항**Security
Assurance Requirement, SAR이 존재합니다.

과정을 축약하면 기준이 되는 **CC 인증**의 **PP(기준)**에 따라 **ST(특정 제품)**를 구현하여
최종 **TOE(보안 제품)**를 만들어 EALEvaluation Assurance Level의 평가 등급을 받습니다.

보안 수준을 적용받은 제품은 EAL 평가 등급을 부여받습니다. 이러한 평가 등급은
0~7등급까지 있습니다. 0은 부적합을 의미하며, 실질적인 상용 제품으로는 **EAL6+**
(스마트 기기용 핵심 보안칩)가 사실상 최고 등급입니다.

그럼, 평가 등급에 대해서 알아보겠습니다. (얼마나 **정형화**되었는지에 대한 수준)

등급	설명	관련 산출물
EAL1	기능적 시험	기능 명세서, 설명서
EAL2	구조적 시험	기본 설계서, 기능 시험서, 취약점 분석서
EAL3	체계적 시험 및 검사	생명주기 지원, 개발 보안, 오용 분석서
EAL4	체계적 설계, 시험 및 검토	상세 설계서, 보안 정책서, 일부 소스, 상세 시험서
EAL5	준정형화된 설계 및 시험	개발 문서에 대한 전체 기술, 보안 기능 전체 코드
EAL6	준정형화된 설계 검증 및 시험	전체 소스 코드
EAL7	정형화된 설계 검증 및 시험	개발 문서에 대한 정형화 기술

일반적인 **네트워크 보안 장비**의 경우는 EAL4 등급이 최대로 구현되는 것이 일반적입
니다. (F/W, IPS, 안티-디도스)

CC 인증을 국제용으로 받으면 국내의 CC 인증을 받아도 가입국(CCRA) 상호 간에
인정됩니다. 그래서 해외 수출용 제품은 국제용 CC 인증을 수행하고, 내수용 제품은
국내용 CC 인증을 수행합니다. CC 인증에 대한 정보가 더 궁금하다면 IT보안인증
사무국(https://itscc.kr)에서 확인할 수 있습니다.

#106 난독화
Obfuscation

소프트웨어의 저작권을 지키는 소스 코드를 지키는 기법

버그 바운티부터 CC 인증까지 제품을 지키기 위한 다양한 활동이 있습니다. 이러한 활동이 필요하게 된 배경이 무엇일까요? 소프트웨어에 대한 불법 복제가 증가하고, 악의적인 해커도 증가하였습니다. 또한, 임의 조작, 역공학 등의 다양한 보안 위협이 증가함에 따라 원시 코드 및 제품의 소스 코드에 대한 안전이 더욱 중요해졌습니다. 이러한 안전을 지키는 기술이 바로 **난독화**입니다.

난독화Obfuscation는 코드의 가독성을 낮춰 역공학에 대한 대비책을 제공하기 위해 프로그램 코드의 일부 또는 전체를 변경하는 방법입니다.

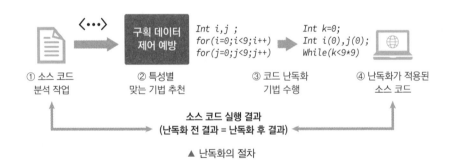

▲ 난독화의 절차

일반적인 난독화 컴파일러(Compiler, 실행/목적 코드를 생성하는 도구)는 **어휘 분석, 구문 분석, 의미 분석** 이후에 난독화를 수행하여 알아보기 어려운 형태의 소스 코드, 실행 코드를 생성합니다.

난독화의 유형으로는 다음과 같은 것들이 있습니다.

1. **구획 난독화**Layout Obfuscation : 프로그램에 큰 영향을 끼치지 않는 세부적인 요소들을 변화시키거나 제거하는 기법(**예** 주석 제거 등)

2. **데이터 난독화**Data Obfuscation : 프로그램을 처리하는 변수들을 나누거나 합치거나 하여 읽기 어렵게 하는 방향의 모든 기법(**예** 오더링, 인코딩, 스토리지 등)

3. **집합 난독화**Aggregation Obfuscation : 순서를 이용해 코드를 난독화하거나 클래스를 분할하는 기법(**예** 자료 순서, 클래스 분할 등)

4. **제어 난독화**Control Obfuscation : 제어를 어지럽게 하고 프로그램이 묶이는 단위를 조절하는 기법(**예** 계산 변환, 집합 변환 등)

5. **예방 난독화**Preventive Obfuscation : 이미 알려진 역난독화 방법을 알고 그 방법을 미리 차단하는 기법(**예** 디버거 제거, 고유 방식 확인 등)

6. **패킹**Packing : 실행 파일을 압축하여 불필요한 부분을 제거하고 압축을 통해 새로운 이미지를 생성하는 기법(**예** 바이너리 패킹 등)

한 가지 **예**를 들어보겠습니다.

```
Plus(1, 3); // 1+3 계산
```

함수명도 명확하고 주석까지 친절합니다. 위와 같이 쉬운 코드를 난독화 처리를 해 보겠습니다.

```
Vc2Vj3x2(a, 0x03);
```

이해가 가나요? 이런 식으로 주석을 없애고 함수명만 바꿔도 전혀 다른 코드로 변환됩니다.

드라마 〈유령〉(SBS, 2012)

2012년에 SBS에서 상영되었던 드라마 〈유령〉은 정보보안에 대한 드라마로 많이 알려졌습니다. 또한, 아직도 자료화면으로 많이 사용되는 드라마입니다.

인터넷 및 SNS의 파급력에 대한 경고를 담고 있는 사이버 수사물인데, 천재 해커인 하데스(최다니엘)를 쫓기 위한 경찰청 사이버 수사대의 팀장인 김우현(소지섭)의 이야기입니다. 스포일러를 조금 하자면, 여배우 죽음에 말려들면서 인물이 바뀌는 전개가 존재합니다. 이 드라마에서는 경찰청 사이버 수사대가 실제 어떤 식으로 디지털 포렌식을 수행하는지에 대해 자세하게 언급되어 있습니다. 어떠한 방식으로 증거를 수집하는지, 증거를 안전하게 보관하기 위해서 어떤 절차를 거치는지에 대해서 알고 싶은 분들이 시청하면 좋을 것 같습니다.

특히, 중간에 등장하는 유력한 증거로 사용되는 스테가노그라피Steganography 는 전달하려는 기밀 정보를 이미지 파일이나 MP3 등의 여유 공간인 슬랙 영역에 숨기는 심층 암호화 기법인데, 디지털 포렌식에서도 많이 확인되는 기법입니다.

경찰청 사이버 수사대, 국가정보원을 꿈꾸는 분들이나 디지털 포렌식을 알아가고 싶은 분들에게 좋은 참고자료가 될 것 같습니다.

융합보안

주요 내용

인공지능, 핀테크, IoT, 클라우드, 스마트 카와 같은 신기술과 보안이 결합하는
방법을 알아보겠습니다.

- 데이터 보안(준동형/동형 암호화, 전자 여권)
- 핀테크 보안(스마트 지갑, 비대면 실명 인증)
- IoT 보안(신뢰 실행 환경, Secure Boot)
- 클라우드 보안(SECaaS, CASB)
- 스마트 디바이스 보안(무선 네트워크 보안)
- 물리보안(출입통제, 지능형 CCTV, CPTED)
- 스마트 카 보안
- 인공지능 보안

#107 준동형 & 동형 암호화

Homomorphic & Fully Homomorphic Encryption

한 줄 요 약
준동형 암호화: 암호문 상태에서 덧셈과 곱셈이 가능한 암호
동형 암호화: 나눗셈 등의 다양한 산술 연산이 가능한 암호

지금까지 다양한 보안의 영역에 대해서 알아봤습니다. 이제부터는 보안 영역에서의 응용에 대해서 알아보려 합니다. 여기에도 다양한 신기술 영역이 존재합니다. **빅데이터, 핀테크, IoT, 클라우드**처럼요. 이러한 다양한 영역에 보안이란 분야를 융합시키려면 어떻게 하면 될까요? 빅데이터 보안, IoT 보안, 클라우드 보안과 같이 모두 어울리는 보안 영역이 됩니다.

처음으로는 **데이터 영역**에 대한 **융합보안**을 소개하고자 합니다. 용량이 큰 빅데이터와 같은 데이터에서는 매번 모든 데이터를 암호화한 후 복호화하여 처리하고 다시 암호화할 수는 없습니다. 이런 과정에서는 간소화 방식으로 할 수 있는데, 즉 암호화된 상태에서 연산을 수행하는 것이죠. 바로, **준동형 암호화와 동형 암호화**입니다.

준동형 암호화 Homomorphic Encryption란 암호화된 자료를 복호화하지 않고 서비스를 제공할 수 있는 암호 기법으로, 암호화 함수 중에서 평문과 암호문 공간에서 정의된 연산을 보존하는 암호화 함수입니다. 간단히 말해, 복호화해서 연산하나 암호화 상태에서 연산하나 결괏값이 동일한 방식을 말합니다.

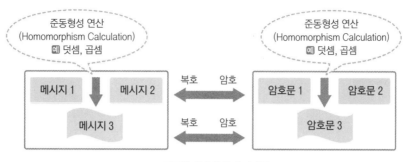

▲ 준동형 암호화의 메커니즘

계산에 대한 아웃소싱을 통해 클라우드에 요청하고 처리된 결과만 검증하는 **검증 가능 계산 기법**, 키워드를 포함하는 정보를 검색할 수 있도록 고안된 암호 기술인 **검색 가능 암호 기법**, 기밀성을 제공하면서 타인에게 공유하기 위한 **암호 데이터 공유 기법**이 존재합니다.

동형 암호화 Fully Homomorphic Encryption 는 평문 공간과 암호문 공간에 정의된 연산을 보존하여 암호화된 데이터를 복호화 없이 검색이 가능한 암호화 기술을 말합니다.

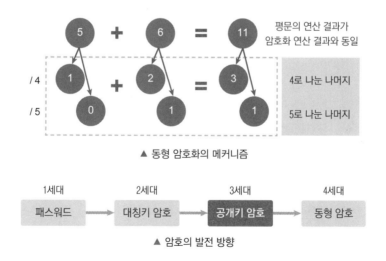

▲ 동형 암호화의 메커니즘

▲ 암호의 발전 방향

동형 암호화는 기존의 암호화보다 발전한 형태로 장점이 많은 암호화이지만, 성능 이슈가 있어서 목적을 검토한 후 필수 범위에서만 이용해야 합니다.

#108 전자 여권
Electronic Passport

한 줄 요 약 IC 카드를 장착한 소프트웨어의 정보를 포함하고 있는 여권

데이터를 안전하게 보호하기 위한 기술의 결정체가 있습니다. 여러분들이 한 번씩은 사용해 본 개인 식별을 위한 제품입니다. 스마트폰이나 주민등록증이라고 생각하기 쉬운데, 바로 **전자 여권**입니다.

전자 여권 Electronic Passport은 신청인의 신원 정보를 비접촉식 스마트 카드 기능을 가진 IC Integrated Circuit 칩에 추가하여 바이오 정보(안면, 지문, 홍채)를 탑재한 여권을 말합니다.

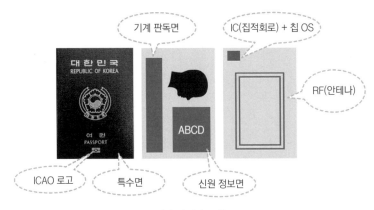

▲ 전자 여권의 구성도

기계 판독 부분인 **기계 판독면**과 인간 판별 부분인 **신원 정보면**을 동시에 확인하고 생체 정보의 인증을 수행할 수 있습니다. 기계와 인간의 협업이죠. **구성 요소**로는 여권 번호, 여권사진, 발행국가, 생년월일, 성별, 여권 만기일 등 여권 소지자의 개인정보인 **신원 정보면**과 ICAO(International Civil Aviation Organization, 국가민간항공기구)에서 제정한 국제 로고로서 IC 칩이 내장되어 있음을 알려 주는 **ICAO 로고**, 여권 소지자의 정보를 기계가 한 번에 인지 처리하는 **기계 판독면**Machine Readable Zone, MRZ 실제 키를 소지한 **비접촉식 IC** 등으로 구성되어 있습니다.

전자 여권은 이와 같이 다양한 영역의 보안 인증을 위한 기술의 총 집합체로서 이용됩니다. CC 인증의 수준도 **EAL5+** 등급의 높은 수준의 보안 개발 방식이 필요합니다.

적용된 다양한 보안 기술을 알아보겠습니다. 여권 정보가 위/변조되었는지 적합성을 확인할 수 있는 비밀키 저장 기술인 **PA**Passive Authentication, 직접적으로 특정 정보를 칩에 보내어 공개키 복호화를 통해 비교하고 복제 여부를 체크하는 판독 기술인 **AA**Active Authentication, 전자 여권의 저장된 데이터가 불법적으로 읽히는 것을 방지하는 통신 기술인 **BAC**Basic Access Control, 오직 권한이 있는 국가만이 정보를 열람할 수 있도록 한 접근 통제 방식인 **EAC**Extended Access Control와 같은 복제 방지 및 직접 & 간접 접근 통제까지 다양한 기술을 이용합니다.

단순하게 인간이 보고 판독하는 여권을 변조했던 이전의 시대에서 변화되어, 이제는 범죄자들이 영화에서처럼 단순하게 사진을 교체하고 신원 정보면을 수정했다고 해서 타인으로 위장하는 것은 불가능할 것으로 보입니다. 그렇지만 악용하려는 자와 막으려는 자가 펼치는 창과 방패의 끊임없는 전쟁은 계속될 것입니다.

스마트 지갑
Smart Wallet

한 줄 요 약 모바일에 연동하여 결제, 인증 등에 이용하는 시스템

창과 방패의 끊임없는 전쟁에서 요즘 특히 관심이 많은 곳이 어디일까요? 바로, 스마트폰 세상입니다. 개인의 사생활에서부터 **지불 정보**, **계좌 정보** 등 개인에 대한 거의 모든 정보를 가지고 있다고 해도 과언이 아닙니다. 식사나 일상생활에 지갑을 안 가져가시는 분들은 있어도 스마트폰을 안 가져가시는 분들은 거의 드물게 되었습니다. 이러한 상황을 만들어 낸 기술이 있죠. 바로, **스마트 지갑**입니다.

스마트 지갑 Smart Wallet이란 인증, 지불 매체를 일관된 관리 체계로 관리하며, 개인화 서비스 구성 및 개인 프라이버시를 보호하는 시스템을 말합니다.

▲ 스마트 지갑의 메커니즘

SK텔레콤의 **SK페이**, 삼성전자의 **삼성페이**, LG전자의 **엘지페이**, 애플의 **애플페이**, 서울시의 **제로페이**까지 다양한 형태의 스마트 지갑이 존재합니다. 요즘은 스마트 지갑이란 용어보다는 **페이**Pay **시스템**이라는 말이 더 자연스러울 것입니다.

카드를 가지고 다니지 않아도 이러한 기술 덕분에 물건을 사거나 팔 수 있습니다. 특히, 다음의 두 가지 방식을 많이 사용합니다. 교통카드와 같이 10cm 이내의 근거리에서 저전력으로 데이터 전송 시에 무선 통신을 이용하는 **NFC**Near Field Communication, 마그네틱 카드의 자기장 기술을 이용해서 실제 카드를 긁는 것처럼 이용하는 **MST**Magnetic Secure Transmission 기술이 있습니다. 최근에는 소지 자체가 본인에 대한 증명 및 결제까지 가능한 **비콘**Beacon까지 점점 지불 결제 수단에 대한 편의성이 증가하고 있습니다.

모바일에 탑재되는 소프트웨어와 별도로, 휴대할 수 있는 **외부 인증 기기**를 연계하여 인증하기도 합니다. **모바일 동글**이나 OTP 같은 인증 강화 요소를 이용하는 것이 그 예입니다.

브로커Broker **서버**는 모바일 I/F와 **토큰 정보**를 통해서 서비스 제공자와 원하는 개인정보 제공자를 매칭시켜서 서비스를 제공할 수 있습니다. 개인화된 시스템을 통해서 본인만의 카드 정보를 입력하여 필요할 때마다 제시를 통해 마치 여러 개의 카드 정보를 가지고 이용하는 것처럼 효율적으로 바꿔가면서 이용할 수 있습니다.

이 분야의 기술은 앞으로 다양한 이름으로 변경되며 발전할 것으로 예상됩니다. 개인화 & 스마트폰의 연합으로 더 편리한 세상으로 바뀔 것은 분명합니다. 다만, 보안 입장에서 **토큰화, 인증**을 강화해야 할 것입니다.

#110 비대면 실명 인증
Non-Face-to-Face Identification

한 줄 요 약   비대면 환경에서 거래자의 실명 확인 기술

기존의 금융 환경이 많이 변화하고 있습니다. 제4차 산업혁명 시대에 **핀테크**와 **인터넷 전문은행**과 같은, 기존과는 전혀 다른 방식의 비즈니스로 인해 점차 다양한 환경을 제공하고 있습니다. 이러한 환경에 발맞추어 보안 역시 발전하고 있습니다. 대면을 통한 개인에 대한 증명을 비대면 환경에서도 할 수 있는 **비대면 실명 인증**처럼 말입니다.

비대면 실명 인증 Non-Face-to-Face Identification 이란 비대면 환경에서의 금융 계좌 개설 또는 모바일 지급 결제 시 고객이 직접 은행에 가지 않아도 본인임을 확인할 수 있는 방법입니다.

1993년 금융실명제를 도입하면서 금융회사는 고객과 계좌의 주인이 일치하는지 대면Face to Face 을 반드시 해야 했으나, 최근 핀테크 등과 같은 ICT를 융성하기 위해서 금융위원회에서 허용하여 2015년 5월 18일부터 은행에 가지 않고도 비대면으로 통장 개설이 가능하게 되었습니다.

금융위원회에서 **권고**하는 비대면 실명 인증 방법은 다음과 같습니다.

1. **실명확인증표 사본 제출**: 고객이 실명확인증표를 촬영 또는 스캔하여 온라인 제출, 금융회사는 증표 발급기관에 진위 여부를 확인합니다. (장점: PC 및 스마트폰을 이용하여 편리, 단점: 진위 확인이 어려운 증표 존재)

2. **영상 통화**: 금융회사 직원이 고객과 영상 통화를 하면서 육안 및 안면인식 기술을 통해 증표 사진과 고객 얼굴을 대조 및 비교합니다. (장점: 육안으로 대조 가능, 단점: 영업시간이라는 한정된 조건이 존재)

3. **접근 매체 전달 시 확인**: 현금 카드, 보안 카드 등 접근 매체를 고객에게 우편 등으로 전달 시에 전달 업체 직원이 증표를 통해 실명을 확인합니다. (장점: 대면 & 가입자 주소 일치 확인, 단점: 오랜 시간이 소요)

4. **기존 계좌 활용**: 타 금융회사에 이미 개설된 계좌로부터 소액 이체 등을 통해 고객의 동 계좌 거래 권한을 확인합니다. (장점: 활용 범위가 넓고 상대적으로 간단, 단점: 명의도용, 복수 계좌 개설의 부작용)

5. **타 기관 확인 결과 활용**: 인증기관 등 타 기관에서 신분 확인 후 발급한 공인인증서, 아이핀, 휴대폰 번호 등을 활용합니다. (장점: 안전성 검증의 어려움, 단점: 타인에게 유출 가능, 대포폰이 가능)

6. **다수의 개인정보 검증**: 고객이 제공하는 개인정보와 신용정보사 등이 보유한 정보를 대조합니다. 대부분 한 가지 방식보다는 상호 보완성을 고려하여 복수의 방식으로 이용합니다. (장점: 고객 입장에서 가장 간편, 단점: 수집 가능한 정보가 제한, 타인 계좌 개설 가능)

해외에서는 상대적으로 정확도가 높은 실명확인증표 제출, 영상 통화, 접근 매체 전달 시 확인, 기존 계좌 활용 등을 우선적으로 사용합니다.

비대면 환경에서 이러한 실명 인증을 위해서는 단순 인증뿐만이 아닌 다양한 방식의 상황인지와 같은 **자동화된 인증 방식**을 이용하면 보다 안전한 환경의 구성이 가능합니다.

 계좌 개설 시 실명확인 방식 합리화 방안(2015년 5월 금융위원회)

#111 신뢰 실행 환경

Trusted Execution Environment, TEE

한 줄 요 약 하드웨어와 소프트웨어가 결합하여 시스템을 보호하는 수단

금융에서의 다양한 융합보안 영역에 대해 알아보았습니다. **미라이 봇넷, 공유기 DDoS, CCTV 탈취**라고 하면 무엇이 생각나나요? 바로, **IoT 보안**이죠. IoT에서 모든 기기가 인터넷에 연결되어 있고, 이에 따라 지속적인 상호 작용이 가능해짐에 따라 공격 도구로 이용되는 경우가 증가하고 있습니다. 스마트폰도 물론 항시 켜져 있는 네트워크 가능한 도구라서 IoT와 함께 타깃이 많이 되고 있습니다. 이러한 IoT나 스마트폰에서 안전하게 분리된 영역을 관리하는 기술이 있습니다. 바로, **신뢰 실행 환경**입니다.

신뢰 실행 환경 Trusted Execution Environment, TEE이란 AP 칩(Application Processor, CPU 칩)에 적용된 보안 영역으로, AP 칩 안에 안드로이드 OS와는 분리된 안전 영역에 별도로 보안 OSSecure OS를 구동시키는 기술을 말합니다.

신뢰 실행 환경의 구성은 세 가지 **Mode(권한)**와 두 가지 **World(공간)**로 구성됩니다. World는 공간으로서, 일반 애플리케이션이 실행되는 **Normal World**와 보안이 필요한 애플리케이션이 실행되는 **Secure World**로 구성됩니다.

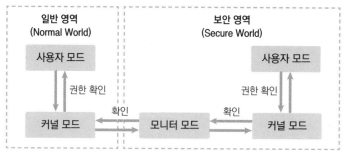

▲ TEE의 아키텍처(圓 TrustZone)

Mode는 권한으로서, Normal World와 Secure World 사이의 서로 모드를 변경해주는 **Monitor Mode**, 모든 시스템 메모리와 모든 CPU 명령어에 접근이 허가된 프로세스를 실행시키는 **Kernel Mode**, 하드웨어를 직접 접근할 수 없는 사용자 앱만 실행되는 **User Mode**가 존재합니다. 개인정보가 많은 스마트폰에 주로 사용됩니다. 신뢰 실행 환경TEE 을 구현하는 대표적인 상업 솔루션으로는 ARM의 **트러스트존**TrustZone 이 대표적입니다.

트러스트존TrustZone은 ARM 아키텍처를 사용하는 서버나 클라이언트 컴퓨팅 시스템의 안전한 실행을 위해 별도의 보안 하드웨어 칩을 사용하지 않고 하나의 ARM에 Secure World와 Normal World를 구분하여 목적에 따라 안전한 애플리케이션을 실행하도록 하는 기술을 말합니다. TEE의 실제 구현 형태로 보면 될 것 같습니다.

한국에서도 유명한 TEE 기반의 **사례**가 있습니다. 삼성전자의 갤럭시 시리즈 휴대폰에서 사용되는 **녹스**KNOX 역시 TEE 기반의 안전한 실행 영역을 확보해 바이오 정보 및 거래 데이터를 보호하고, 토큰화 기술을 통해 결제 정보의 유출을 차단하고 있습니다.

앞으로 이러한 TEE 기술은 점점 발전되어 각종 장비에 들어가게 될 것입니다. **스마트폰**, **스마트 TV**와 같은 각종 스마트 플랫폼들과 IoT 장비뿐만이 아닌 다른 생활 기기까지도 적용될 것으로 예상됩니다.

#112 보안 부팅

Secure Boot

한 줄 요 약   순차적인 무결성 점검 이후 단계적으로 부팅하는 기술

앞에서 살펴본 TEE는 아직은 IoT보다는 스마트폰에서 더 많이 사용되는 기술입니다. 별도의 안전 영역을 하드웨어로 구현해야 하기 때문에 비용이 많이 소모되는 기술입니다. 적은 비용으로 구성하는 IoT에서는 사용하기가 어렵습니다. 고비용의 IoT 장비가 아니라 저비용으로 구현해야 하는 IoT 장비에서는 어떻게 보안을 지킬 수 있을까요? 바로, **보안 부팅**입니다.

보안 부팅 Secure Boot 이란 CPU, 부트로더, 커널, RootFS 순서로 각각의 시그니처 Signature & 무결성 정보를 확인하며, 이미지에 변조가 없다면 정상적으로 부팅이 완료될 수 있도록 하는 기술을 말합니다.

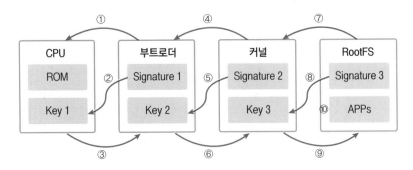

▲ 보안 부팅의 동작 원리

보안 부팅은 간단히 단계를 나누어 개별 단계에서 검증하는 것입니다. CPU에서 부트로더를 읽어 오기 위해서 전체의 시그니처에서 무결성 정보를 가져와서 키와 비교하고, 이상이 없다면 부트로더 단계를 수행합니다. 또한, **부트로더**도 커널의 시그니처에서 무결성 정보를 가져와서 키와 비교하여 커널의 무결성을 증명하고, 이상이 없다면 커널 단계를 수행합니다. RootFS루트 파일시스템도 동일한 과정을 거치게 됩니다. 이후 최종 애플리케이션을 동작시켜 원하는 기능을 수행하게 됩니다.

개별 시스템의 이미지를 읽어 해시 함수를 통해 메시지 다이제스트를 생성하고, 개별 검증 프로그램으로 키를 이용해 시그니처를 검증하는 방식이 되는 것입니다. 이러한 과정을 **신뢰점**Root Of Trust이라고도 합니다. 이러한 보안 부팅은 TEE보다 저렴한 비용으로 구현할 수 있으며, 업데이트 및 펌웨어 변조 공격에도 효과적으로 방어할 수 있습니다.

실제로 공유기나 간단한 IoT 장비에 De-Face **공격**(펌웨어 및 구동 페이지를 변조시켜 해킹당한 표시 및 오작동을 일으키는 방식)이 있을 때 보안 부팅을 통해서 검증만 들어가도 변조가 불가능한 경우가 많습니다. 이런 보안 부팅을 적용하지 않는 것은 비용의 부족보다는 설계상에서 **시큐어 디자인**이 되지 않은 것으로 생각됩니다.

보통은 간단한 IoT 장비의 디바이스 레벨에서는 **보안 부팅**과 메모리 등의 버퍼 오버플로우를 방지하기 위한 랜덤 메모리 주소 체계인 ASLRAddress Space Layout Randomization로 구현하고, 게이트웨이 레벨에서는 **보안** OS나 TEE를 적용하며, 네트워크 단에서 SSL/TLS **암호화**와 **접근 통제**를 수행하며, 최종 서비스에서 차등 ACLAccess Control List 및 DB **암호화**를 통해 데이터 및 서비스의 안전까지 고려한다면 안전한 **다중 방어 체계**를 만들 수 있을 것입니다.

#113 SECaaS

SECurity as a Service

한 줄 요 약 │ 클라우드를 통해 전문화된 보안을 제공하는 서비스

IoT와 더불어 최근에 가장 많은 관심을 받는 분야는 바로 클라우드Cloud 영역입니다. 이러한 클라우드를 이용하여 보안을 안전하게 지키고자 하는 기업들도 많이 늘어나고 있습니다.

클라우드를 이용해서 보안을 구성할 때 대표적인 서비스가 존재합니다. 바로, SECaaS입니다.

SECaaS SECurity as a Service 는 기업의 비용과 시간, 인력에 대한 리소스 투자를 최소화하기 위해 클라우드 인프라를 통해 전문화된 보안 기능을 클라우드 형태로 제공하는 서비스를 말합니다.

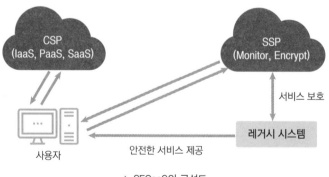

▲ SECaaS의 구성도

SECaaS는 제공하는 방식에 따라 클라우드 사업자의 제공 서비스인 CSP 서비스와 보안 업체 제공 서비스인 SSP 서비스로 나뉩니다.

CSP Cloud Service Provider 는 클라우드 서비스를 제공하는 제공자가 직접 보안 서비스를 제공하는 경우로서, 아마존의 AWS, 마이크로소프트의 애저Azure 등에서 직접적인 보안 서비스를 제공합니다.

SSP Security Service Provider 는 클라우드 제공자가 아닌 외부의 보안 서비스를 전문적으로 제공하는 경우로서, 방화벽이나 IPS와 같이 CSP보다는 보안 분야에서 특화 영역의 전문성이 더 필요한 경우는 팔로알토PaloAlto나 포티넷Fotinet 같은 전문업체들이 보안 서비스를 제공합니다.

이들은 각각의 영역에서 상대적으로 유리한 서비스를 제공하고 있습니다.

클라우드의 원천 기술을 가지고 있는 CSP는 인증, 신원보증, 권한이 있는 사용자 관리를 수행하는 IAM(계정 관리), 데이터의 보안에 대한 모니터링, 검증 서비스를 제공하는 DLP(데이터 손실 방지), 리스크 및 거버넌스에 대한 관리를 수행할 수 있는 보안 평가, 서비스 중단 시 운영상의 탄력성을 보장하는 BCP/DR(업무 연속성/재해복구), 여러 가지 실시간 로그 및 이벤트를 수집하여 확인 & 방어하는 SIEM(보안 및 정보 이벤트 관리)과 같은 서비스들이 상대적으로 유리합니다.

보안 기술에서 원천 기술을 가지고 있는 SSP는 국가정보원의 암호모듈 검증필이 있는 암호화Encryption, 공용 네트워크를 통해 보안 취약점을 검색하는 취약성 탐지Vulnerability Scan, 프락시를 통해서 공개된 웹 애플리케이션 서비스를 실시간으로 보호하는 웹 보안Web Security, IPS나 방화벽과 같은 전문적인 네트워크 영역을 제공하는 네트워크 보안Network Security, 스피어 피싱과 같은 메일 기반 공격을 차단하는 이메일 보안Email Security이 상대적으로 유리합니다. 한 가지 서비스로 치중된 형태보다는 각각의 요구 사항에 맞게 효율적으로 혼용하여 사용할 때 더욱 안전하게 보안 아키텍처를 구성할 수 있습니다.

#114 CASB

Cloud Access Security Broker

한 줄 요 약 클라우드와 서비스 제공자 간의 중개를 통해 보안 기능을 제공하는 서비스

각 기업에서 디지털 전환Digital Transformation을 표명하며 클라우드를 앞다투어 도입하여 새로운 시장에 대한 서비스를 구현하고 있습니다. 그러면서 멀티 클라우드, 하이브리드 클라우드를 많이 도입하고 있으며, 몇몇 기업은 올All 클라우드까지 도입하겠다고 선언하고 있습니다. 이러한 시기에서 클라우드와 서비스 이용자 사이에서 다양한 서비스에 대한 보안을 집중하고 통합 관리를 하고자 할 때 사용할 수 있는 방법이 바로 CASB입니다.

CASBCloud Access Security Broker란 클라우드 서비스 이용자와 클라우드 서비스 사이에 위치하여 접근 통제, 내부 정보 유출 방지, 이상탐지, 로깅, 감사 등의 독립적인 보안 기능을 제공하는 클라우드 보안 기술을 말합니다.

최근의 트렌드는 각 클라우드의 장점을 혼용하여 사용하면서도 하나의 클라우드 기업에 록인Lock-in 현상을 방지하기 위해 멀티 클라우드를 많이 이용하고 있습니다. 다양한 클라우드 서비스를 사용함에 따라 통합된 보안 정책을 적용, 집행하기 위해서 CASB 사용도 늘고 있습니다.

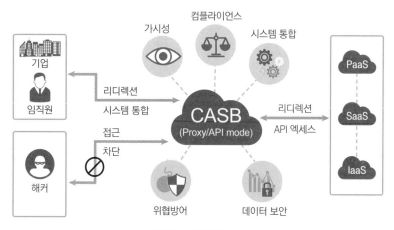

▲ CASB의 개념도(출처: 지란지교)

주요 기능으로 각 서비스의 위험 평가와 회사에서 사용 중인 모든 클라우드 서비스를 검색하여 제공하는 **서비스 검색 및 위험 평가**, 암호화 키를 사용하여 클라우드 데이터를 **암호화**, 사용자나 장치 위치 등을 기반으로 접근 제어를 수행하는 **접근 통제**, 내부 정보 유출 방지를 위한 **데이터 손실 방지**, 서비스에서 수행한 모든 작업의 로깅과 감사 추적을 수행하여 법규나 보안 정책 준수를 확인하는 **로깅 및 감사**, 잠재적인 데이터 유출, 보안 위반 등을 판단하여 보안 관리자에게 제시 및 경고하는 **이상탐지**가 있습니다.

CASB의 주요 유형은 **하드웨어 형태**와 **소프트웨어 형태**로 분류됩니다.

하드웨어 형태로는 이용자의 조직의 아웃 바운드 트래픽을 체크할 수 있는 위치에 설치하여 전체를 확인하는 **프라이빗 방식**, 클라우드 서비스 플랫폼 내부에 설치하여 전체 통신 트래픽을 확인하는 **퍼블릭 방식**이 존재합니다. **소프트웨어 형태**로는 클라우드 서비스의 사용자 단말기에 설치하여 통제를 관리하는 **에이전트 방식**, 클라우드 서비스 앱 개발사가 직접 적용하여 연동하는 **API 방식**이 있습니다.

기업의 목표와 이용 목적에 따라 다양하게 구성할 수 있는데, 온프레미스(On-Premise, 전산실 서버에 직접 설치/운영 방식)와 클라우드 간의 연결 형태에 따른 구성을 권고합니다.

#115 무선 네트워크 보안

Wireless Network Security

한 줄 요 약 | 무선으로 연결된 구간에서 안전하게 연결하는 기술

스마트폰을 비롯하여 태블릿 PC, 노트북 등 회사를 제외하고는 일반적으로 생활의 모든 네트워크는 **무선**Wireless으로 구성되어 있습니다. 무선 네트워크는 기존의 유선망에 비해 누구나 접근할 수 있다는 편의성이 있지만, 보안 측면에서는 상대적으로 취약합니다. 기밀성에 대해서도 **프러미스큐어스 모드**Promiscuous mode, 무차별 수집 모드와 같이 무차별적인 패킷 등의 수집이 가능하여 상대적으로 위험하기도 합니다. 그러나 편의성 때문에 포기할 수 없는 영역이기도 합니다. 이러한 영역의 안전한 사용을 위한 **무선 네트워크 보안**에 대해서 알아보겠습니다.

무선 네트워크 보안 Wireless Network Security이란 무선 주파수를 사용하여 일정 공간 내에서 개인용 컴퓨터 및 이동 단말기 등을 무선으로 네트워크에 접속할 수 있도록 안전한 통신을 구현하는 기술을 말합니다.

무선 네트워크 특성에 따라 물리적, 기술적, 관리적 **취약점**이 존재합니다.

물리적 취약점으로는 무선 AP에 대한 **도난 & 파손**, 장비 설정 **초기화**, 전원 분리로 인한 **장애**, 저장된 데이터가 노출된 장비에 존재한다는 점, 무선랜 관리 페이지의 **노출 위험** 등이 있습니다.

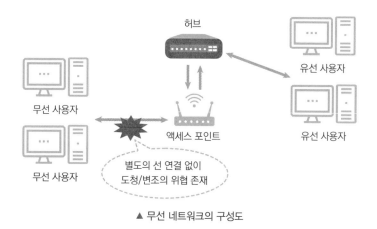

▲ 무선 네트워크의 구성도

기술적 취약점으로는 전송되는 무선 데이터에 대한 **도청**, 대량의 무선 패킷의 전송을 통한 **서비스 거부**, 불법 무선 AP를 설치하여 전송 데이터를 **수집**, 공유키를 전송하여 **WEP 키가 추출**되는 취약점, SSID가 노출되거나 MAC 주소가 **노출**되는 경우가 있습니다.

관리적 취약점으로는 무선랜을 운영하는 기관의 관리가 미흡할 때 보안 정책과 보안 기능을 **사용하지 않는 사용자**가 존재할 수도 있으며, **전파 출력** 조정이 잘못되어 외부에서 접근하는 경우도 존재합니다.

이러한 취약점들을 이용한 각종 공격이 존재합니다. 수동적인 방식으로 Sniffing(캡처), War Driving(보안 취약 N/W 검색), SSID 검색(SSID Default 진입), WEP Key Crack(암호화가 약한 패킷 키 유출), Dictionary Attack(자주 사용되는 비밀번호를 시도하는 방식)이 있으며, **능동적**인 방식으로는 MITM(Main In The Middle, 중간자 공격), Evil-Twin(가짜 AP로 속이는 기법), MAC Spoofing(자신의 MAC 변경)이 있습니다.

이에 **대응**하기 위해서 **인증** 측면에서는 허용된 MAC 주소를 인증하여 접속을 허용하며, WEP 인증을 통해 암호화와 사용자 인증을 수행하고, EAP(802.11i) 기반의 안전한 캡슐화 기능을 이용해야 합니다. **암호화** 측면에서는 WEPWired Equivalent Privacy 암호화, WPAWi-Fi Protected Access의 TKIP 암호화, WPA2Wi-Fi Protected Access2의 CCMPCounter with CBC-MAC Protocol 암호화를 통해서 데이터 통신 간의 안전한 암호화를 해야 합니다.

#116 출입통제 & 지능형 CCTV

Access Control & Intelligent Closed Circuit TV

한 줄 요 약 출입통제: 인원, 차량이 들어오고 나가는 것을 통제하는 시스템
지능형 CCTV: 촬영되는 영상의 정보를 분석하고 전달하는 카메라

많은 보안 기술이 기본적으로 네트워크에 초점이 맞춰져 있습니다. 그러다 보니 정보보안 인력에 대한 수요도 많아지고 정보보안 영역이 점점 더 발전하고 있습니다. 그래서인지 상대적으로 물리보안을 중요하지 않게 생각하는 분들도 있는 것 같습니다. 그러나 실제 보안 시장에서 물리보안은 정보보안 제품과 함께 중요한 위치(2019년 KISA 보안 제품 통계에 의하면, 정보보안 85.9%, 물리보안 55.8% 이용)에 있습니다. 이러한 **물리보안**에서는 **출입통제**와 **지능형 CCTV**가 가장 많이 활용되고 있습니다.

출입통제Access Control란 소속 인원과 외부 인원을 구별, 시설과 소속 인원을 보호하고 외부로부터 독립시켜 업무 집중에 유리하도록 설계된 시스템을 말합니다.

인가된 사용자만이 지정된 인증 수단으로 본인을 증명하여 게이트를 통과하는 방식입니다. 여러분들이 회사에 출퇴근할 때 사용하는 기본적인 인증 방식입니다.

출입관리, 운영관리, 경보관리를 하기 위한 시스템으로 **출입통제 서버, 전원 공급/변환 기기, 카드 리더기, 출입증, 도어 락** 등이 사용됩니다. 출입통제 이외에 가장 많이 사용되는 제품은 **지능형 CCTV**와 같은 영상기기가 있습니다.

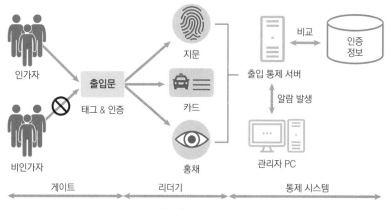

▲ 출입통제 시스템의 구성도

지능형 CCTV Intelligent Closed Circuit TV란 운영자의 개입 없이 사전에 설정된 프로파일에 따라 촬영된 영상 데이터를 분석하여 이상행위 감지와 이벤트 통지를 자동으로 수행하는 네트워크 카메라를 말합니다.

▲ 지능형 CCTV의 아키텍처

거동이 수상한 사람의 행동을 카메라로 인지하여 다양한 기술을 통해 영상관리 서버로 전송하여 중앙에서 통제 및 관리를 합니다.

이러한 지능형 CCTV를 연동하기 위한 기술로는 국제 표준을 통하여 IP 카메라, NVR, VMS 등을 연동시키는 프레임워크인 **ONVIF**, HTTP 기본 메서드인 GET/PUT/POST/DELETE 등을 이용하는 **RESTful**, 간단한 소프트웨어의 구현 프로토콜 형태를 이용하는 **SOAP** 등을 이용합니다.

#117 CPTED
Crime Prevent Through Environment Design

한 줄 요 약 환경/조경 설계 시 보안적인 요소를 추가하여 강화하는 방식

물리보안에도 **철학**이 존재합니다. 혹시 미국의 범죄학자인 제임스 윌슨James Q. Wilson과 조지 켈링George L. Kelling이 발표한 **깨진 유리창 이론**Broken Windows Theory에 대해 들어 본 적이 있나요? 구석진 골목에 2대의 차량 보닛을 모두 열어 두고, 그중 한 대의 차량 앞 유리창을 깨뜨려 놓은 채 일주일을 관찰합니다. 그랬더니 보닛만 열어 둔 차량은 이전과 동일했지만, 앞 유리창이 깨져 있던 차량은 폐차 직전까지 심하게 파손되는 결과가 나타났습니다. 이와 같이 더럽고 안전하지 않은 환경이 범죄와 사고에 직결되는 현상을 방지하기 위해서 나온 방식이 있습니다. 바로, **CPTED**입니다.

CPTEDCrime Prevent Through Environment Design란 범죄 예방 환경 설계, 여러 학문 간 연계를 통해 도시 및 건축 공간 설계 시 범죄 기회를 제거하거나 최소화하게 변경함으로써 범죄 및 불안감을 저감시키는 원리이자 실천 전략을 말합니다.

감시 (조직적, 기계적, 자연적)	접근통제 (조직적, 기계적, 자연적)	공동체 강화 (근린교류 활성화)
01. 자연감시	주변을 잘 볼 수 있고 은폐장소를 최소화시킨 설계	
02. 접근통제	외부인과 부적절한 사람의 출입을 통제하는 설계	
03. 영역성 강화	공간의 책임의식과 준법의식을 강화시키는 설계	
04. 활동성 활성화	자연감시와 연계된 다양한 활동을 유도하는 설계	
05. 유지관리	지속적으로 안전한 환경 유지를 위한 계획	

▲ CPTED의 주요 원리(출처: 서울특별시)

CPTED에서는 **자연 감시, 접근 통제, 영역성 강화, 활동의 활성화, 유지 관리**라는 5가지 **주요 원리**가 존재합니다. 감시를 통해 영역을 분리하고 접근 통제를 구현하여 안전하게 만든 뒤 공동체 의식을 강화합니다. 그럼, 원리별 **주요 적용 사례**를 알아보겠습니다.

1. **자연 감시**: 건축의 한계선을 지정하여 모서리같이 잘 안 보이는 부분의 가시성을 확보하여 사람이 은신하는 것을 막거나, 조명의 조도를 가로등보다 높게 하여 출입문에 조명을 집중할 수 있습니다.

2. **접근 통제**: 출입통제를 위한 잠금장치나 출입문을 보안 시설에 설치하거나, 배관을 매립하거나, 필요하면 가시나 덮개 등을 설치하여 직접적인 접근을 방지할 수 있습니다.

3. **영역성 강화**: 정당한 이용자와 그렇지 않은 사람들에 대한 구별이 쉽도록 영역을 명확히 구분하며, 자투리 공간을 주민을 위한 생활 공간으로 개조하여 사람이 많이 상주하도록 할 수 있습니다.

4. **활동의 활성화**: 유흥업소의 경우 내부 도로보다 대로변 입점을 권장하거나, 골목길에 주민들이 자주 이용할 수 있는 공간을 설치/배치할 수 있습니다.

5. **유지 관리**: 시설물이나 공공장소를 설계대로 이용할 수 있도록 원 목적대로 이용하게 하며, 범죄를 유발하는 요인을 제거하고 정비/수리하여 깨진 유리창 문제를 없앨 수 있습니다.

위와 같이 서로 간의 공동체 방식을 통해 환경 자체가 보안을 지킬 수 있도록 구현하여 안전한 물리보안을 구축할 수 있습니다.

Note 범죄예방환경설계(CPTED) 가이드라인(2013.3, 서울특별시)

스마트 카 보안

Smart Car Security

한 줄 요 약 | 자동차와 네트워크 연결을 보호하는 기술

우리가 살고 있는 현대사회에서는 스마트폰, 스마트 카, 스마트 워치, 스마트 밴드, 스마트 글래스와 같이 다양한 스마트한 물건들이 존재합니다. 과연, **스마트**Smart란 무엇일까요? 이에 대해 생각해 본 적이 있나요? 국어사전은 '**똑똑한, 영리한**'이라는 뜻으로 표현하고 있습니다. 실제로 체감하는 스마트는 '**편리한**'에 가까운 것 같습니다. 없어도 살 수는 있지만, 있어서 더 편리하게 지낼 수 있는 그런 기술. 그중 대표적인 기술인 스마트 카 보안에 대해서 알아보겠습니다.

스마트 카 보안 Smart Car Security이란 자동차를 임의로 원격 조정하여 무기로 이용하는 공격 발생 가능성 및 개인정보 탈취 등의 위협에 대응하는 기술을 말합니다.

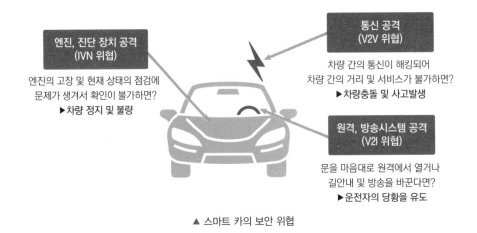

▲ 스마트 카의 보안 위협

차량이 스마트해지면서 자율주행도 가능해지고 있습니다. 보통 **커넥티드 카**Connected Car라고 불리는, 네트워크 접속이 가능하고 차량 내/외부 통신을 통해 진단, 정보를 주고받는 영역과 **자율주행 자동차**Self-Driving Car로 실제 사람의 개입 없이도 스스로 판단하여 목적지에 도달하는 기술 영역을 합쳐 얘기하는 경우가 많습니다.

두 가지 영역에 공통인 **위협**과 **대응 방안**에 대해서 알아보겠습니다. 주요 **보안 위협**으로는 장치의 네트워크 방식에 따라 분류됩니다.

1. **IVN(차량 내부 네트워크 간 통신):** DDoS & GPS 재밍, GPS 스푸핑 공격 등과 같은 V2X의 통신 방해와 차량 자가 진단 장치(OBD) 해킹, 제어 메시지 주입 등이 가능합니다.

2. **V2V(차량 간의 통신):** 차량 간 통신 추적을 통한 도청, 유효한 데이터를 그대로 재사용하는 리플레이 공격, 리소스의 독점을 통한 서비스 불가 공격 등이 가능합니다.

3. **V2I(차량과 기지국 간의 통신):** 교통정보의 불법 도청, 원격의 해킹을 통한 조정, 가짜 교통정보 전송과 같은 공격이 가능합니다.

대응 방안도 각 네트워크 구간별로 구성이 가능합니다.

1. **IVN:** 스마트 카 방화벽, GPS 안티-재밍, CAN 오픈 프로토콜
2. **V2V:** V2V 암호화, 안티-디도스, V-PKI(차량용 가벼운 인증서)
3. **V2I:** ECC 기반 경량화 암호화, IEEE 1609-2 규격, 운행정보 암호화

특히, 중국의 IT 기업인 텐센트는 테슬라의 자율주행 자동차를 원격으로 조정하는 것을 시연했습니다. 이처럼 자율주행 자동차가 해킹을 당할 때는 생명과 직결되는 위협으로 다가오기 때문에 다양한 방식의 **구간별 보호**를 통해 안전하게 이용해야 할 것입니다.

#119 인공지능 보안
Artificial Intelligence Security

한 줄 요 약 인공지능을 활용한 공격과 취약점, 방어 기술

2016년 3월, **알파고**Alphago와 **이세돌**의 세기의 대결이 진행되었습니다. 최고의 바둑 인공지능 프로그램과 최고의 인간 실력자의 대결로 많은 이목이 쏠린 승부에서 알파고가 4승 1패로 이기며 인공지능에 대한 인류의 고민이 점화되었습니다.

이러한 고민은 비단 바둑 분야에서뿐만이 아닌 보안에서도 발생했습니다. 2016년 세계 최대 해킹 방어 대회인 **데프콘 CTF**에서 인공지능 시스템인 **메이헴**MAYHEM이 출전하였는데, 성적은 최하위에 머물렀지만 폴란드의 유명한 해커팀을 이겨 조만간 인간을 넘어설 수 있음을 예견하게 되었습니다.

인공지능은 **공격자 입장**에서도 다양하게 활용될 수 있습니다. **적대적 공격**Adversarial Attack으로 불리는 형태의 포이즈닝(Poisoning, 최소한의 오류 데이터로 오동작 유도), 이베이전(Evasion, 최소한의 변조로 다른 클래스로 인식 유도), 모델 익스트랙트(Model Extract, 공개 모델을 모사해서 만드는 공격) 등과 같이 **인공지능 자체**를 파괴하는 공격에서부터 시작됩니다. 이러한 공격은 자율주행이 가능한 스마트 카에서는 생명과 직결되는 사고를 유발할 수도 있습니다.

이외에도 공격자가 공격에 필요한 정보를 사전에 수집하여 공격하는 **스피어 피싱**Spear Phishing의 공격에 소요되는 시간도 단축이 가능하며, 모방 흉내와 같은 **딥페이크**(Deep Learning + Fake)를 통한 가짜 뉴스, 거짓 영상은 사회의 혼란을 가중시키고 있습니다. 특히, 인간들도 어려워하고 틀릴 때가 있는 텍스트를 의도적으로 비틀거나 덧칠하여 컴퓨터가 인식하기 어렵게 만든 캡차CAPTCHA도 안전지대가 아니었습니다. 미국의 스타트업 비카리우스의 AI는 사람과 컴퓨터를 구별하게끔 만든 캡차를 인간의 시각 처리를 모사하는 RCN으로 94.3%의 확률로 뚫었습니다.

인공지능은 이처럼 다양한 공격에 활용되어 공격자가 들여야 하는 시간과 수고를 덜어주었고, 두말할 것도 없이 이 때문에 보안 전문가들은 더욱 힘들어지게 되었습니다.

그러면 과연 인공지능은 보안에 문제만을 가져왔을까요? 그 대답은 명확히 **'아니다'** 라고 말할 수 있습니다.

인간이 24시간, 365일 봐야 하는 관제를 지도학습/비지도학습과 연계하여 취약점을 검색하는 **지능형 통합보안 관제 시스템**으로 바뀌 나가고 있습니다. 또한, 정상/비정상 네트워크 패킷을 수집하고 이 패킷에 대한 머신러닝 알고리즘을 적용하여 NDRNetwork Detection & Response과 함께 네트워크의 침입탐지를 수행합니다. 또한, 악성코드의 위협 모델을 기반으로 다양한 이상행위와 블랙리스트, IoC, C&C를 활용하여 프로세스의 정상 및 비정상을 판단하는 EDREndpoint Detection & Response과 같은 악성코드 분석을 수행합니다.

이와 같이 기업에서는 점차 인공지능을 활용하여 시간 부족을 만회하고 단순 실수를 막으면서 보안 수준을 높일 것입니다. 그러나 인공지능에서도 창과 방패의 싸움은 앞으로도 끊임없이 이어질 것으로 예상됩니다. 이것이 바로 여러분들이 다양한 신기술 영역과 함께 보안을 배워야 하는 이유입니다.

정보보안 Break Point

신기술과 정보보안 사고 사례

정보보안과 사고는 떼어낼 수 없는 많은 연결고리가 존재합니다. 특히, 인공지능, IoT, 스마트 카 등 다양한 기술의 발전과 함께 보안 사고도 많이 발생하고 있습니다.

① 인공지능 정보보안 사고(MS의 Tey 인공지능 채팅)

트위터에서 대화의 목적으로 제작된 Tey는 딥러닝을 이용한 인공지능 학습을 통해서 만들어졌습니다. 오픈 후 트위터 이용자들의 부적절한 발언을 학습하며 공개한 지 하루도 안 되어 인종차별, 성차별, 정치적 발언 등을 하게 되었습니다. 이 때문에 곧바로 서비스가 중단되었고, 인공지능의 적대적 학습의 대표적 사례가 되었습니다.

② IoT 정보보안 사고(미라이 봇넷)

2016년 10월, DNS 서비스 제공업체인 Dyn이 대규모 디도스 공격을 받게 됩니다. 그로 인해 트위터, 넷플릭스 등 총 1,200개 이상의 사이트가 전부 마비되었습니다. 미라이 봇넷이라고 불리는 이 공격은 보안이 허술한 IoT 기기들을 이용한 디도스 공격이었는데, 관리자 계정 설정이 취약한 임베디드 기기 접속 → 악성코드 전파/감염 → 좀비 기기 확보 → 봇넷을 이용한 디도스 공격으로 이어져 PC 이외에도 다양한 기기를 통한 디도스가 가능함을 보여준 대표적인 사례가 되었습니다.

이와 같은 기술 외에도 우리는 스마트 카의 자율주행 해킹 사례 등 다양한 보안 위협 속에서 살아가고 있습니다. 앞으로 여러분들이 함께 지켜가야 할 기술입니다.

보안의 시작과 끝

상당수의 사람이 호기심에 보안 업계로 들어왔다가 수많은 지식 영역과 힘든 업무에 지쳐 포기하거나 다른 분야로 떠나가는 것을 보아 왔습니다. 하지만 지금도 모의 해킹이나 취약점 진단으로 시작되는 기술적 영역부터 정책과 보호 체계를 구축하는 관리적 영역, 부단한 노력과 희생이 필요한 물리적 영역까지 다양한 보안 업계의 종사자들이 안전한 IT 환경을 구축/운영하고 있습니다.

다른 분야에 비해 더 큰 노력이 필요한 분야임은 틀림없습니다. 다만, 포기하지 않고 항상 배우는 자세로 끊임없이 노력한다면, 인공지능의 해커가 클라우드의 대용량 트래픽을 이용해서 빅데이터의 흔적을 가지고 공격하는 시대가 와도 결코 보안 산업은 없어지지 않기에 자신만의 시그니처 영역이 될 것임이 분명합니다.

이 책이 여러분들이 알고 싶어 하는 깊고 전문적인 내용까지는 담지 못했을 수도 있습니다. 다만, 여러분들이 앞으로 공부하고 경험하고 이해할 보안이란 분야에 대해 자그마한 가이드가 되었으면 합니다. 또한, 이론과 실전은 다르다고 말하는 분들이 많습니다. 그래서 이 책에서는 그 간극을 최대한 줄이고자 현업 기준의 이야기들을 많이 풀어서 설명하였습니다. 그러다 보니 몇몇 주제는 다소 전문적이어서 일반적인 독자분들에게는 어렵게 느껴질 수도 있을 것 같습니다. 그렇지만 이 책을 선정해서 읽으시고 제가 전달하고자 하는 내용을 받아드리는 데는 크게 방해되지는 않았을 것이라고 확신합니다. 이 책이 다소 어렵게 느껴지는 분들은 제가 운영하는 유튜브 강좌(http://bit.ly/security_reader)나 블로그(https://blog.naver.com/security_reader)를 통해서 다시 만나면 좋을 것 같습니다. 여기까지 수고 많으셨습니다. 앞으로 여러분들이 만날 수많은 정보보안의 이슈를 잘 해결해 나가기를 진심으로 기원하겠습니다. 이 책을 선택해 주시고 읽어 주신 여러분께 진심으로 감사드립니다.

찾아보기

T